麦克阿瑟

Douglas
MacArthur

麦克阿瑟

Douglas MacArthur

皮波人物国际名人研究中心 编著

国际文化出版公司

·北京·

图书在版编目（CIP）数据

麦克阿瑟/皮波人物国际名人研究中心编著.—北京：
国际文化出版公司，2013.3（2024.2重印）
（名人传记丛书）
ISBN 978-7-5125-0414-1

Ⅰ.①麦…　Ⅱ.①皮…　Ⅲ.①麦克阿瑟，D.
(1880～1964)—传记　Ⅳ.①K837.125.2

中国版本图书馆CIP数据核字（2012）第199539号

麦克阿瑟

作　　者	皮波人物国际名人研究中心　编著
责任编辑	赵　辉
统筹监制	葛宏峰　刘　毅　周　贺
策划编辑	刘露芳
美术编辑	丁鈺煜
出版发行	国际文化出版公司
经　　销	国文润华文化传媒（北京）有限责任公司
印　　刷	北京一鑫印务有限责任公司
开　　本	700毫米×1000毫米　　　16开
	9印张　　　　　　　　　83千字
版　　次	2013年3月第1版
	2024年2月第3次印刷
书　　号	ISBN 978-7-5125-0414-1
定　　价	34.00元

国际文化出版公司
北京市朝阳区东土城路乙9号　　　　邮编：100013
总编室：（010）64270995　　　　传真：（010）64270995
销售热线：（010）64271187
传真：（010）64271187-800
E-mail：icpc@95777.sina.net

目 录

家事简介

麦氏祖先   008

父亲的功勋   010

母亲的教养   015

西点军校生

爱运动的小学生   020

进军西点军校   021

西点印象   022

军校逸事   024

初露头角

亚洲之旅   030

目录

优秀的工兵 033

脱颖而出 037

事业不断攀升

第一次世界大战 044

西点军校校长 051

马尼拉军区司令 057

总督菲律宾 063

温馨的家庭生活 065

太平洋上的传奇

离开菲律宾 070

西南太平洋盟军统帅 079

目录

声名远扬   087

反攻菲律宾   098

雷伊泰海湾战   105

光复马尼拉   109

战后重建日本   121

英雄的谢幕   132

家事简介

麦氏祖先

　　本书的主人公道格拉斯·麦克阿瑟是一位人人皆知的传奇英雄，其实麦氏一家，历代都饱享盛名。麦克阿瑟的祖父、父亲、哥哥和儿子分别被称为阿瑟第一、阿瑟第二、阿瑟第三、阿瑟第四。关于麦氏祖先，最早可追溯到1825年的阿瑟第一，也就是麦克阿瑟的祖父，当时10岁的他，跟着寡母从出生地格拉斯哥到马萨诸塞州的奇科比。

　　关于麦氏祖先的记载很多都是人们的臆测之说，但从发掘出的石碑来看，麦氏祖先曾经参与过11、12世纪的战争并有人牺牲。他们的后代又曾回到苏格兰定居，因为13世纪时，这一家族在古老的伽摩朗伯爵辖区有不少产业。起初很兴旺，一直到1427年，约翰·麦克阿瑟因反抗苏格兰君主詹姆斯一世被杀，剩下的族人便迁居到格拉斯哥避祸，最后移民到美国。

　　来到新世界后，麦氏又开创了一番新天地。马萨诸塞州汤顿城裴尔吉家的莎拉·巴奈·裴尔吉就是道格拉斯·麦克阿瑟的外高祖母，丘吉尔和罗斯福两家都是她的亲戚！

阿瑟·麦克阿瑟第一（麦克阿瑟的祖父）在纽约专修过法律，1840年取得了马萨诸塞州律师资格。1844年和奥瑞莉亚结婚。第二年6月，阿瑟第二（麦克阿瑟的父亲）在斯普林菲尔德出生。当时麦克阿瑟的祖父的律师业务很旺盛，他成为了北安普敦郡的公共行政长官和马萨诸塞州西部军区的军事法官。

麦克阿瑟的父亲4岁时，全家迁居密尔沃基城。1851年阿瑟第一被推选为市检察官，他40岁那年，民主党要重用他，推选他为威斯康星州副州长，后来州长因被控选举舞弊，引咎辞职，即由他接任，但他仅在职五天，就因法院宣判共和党胜利而离职。离职后，他重操律师业。1857年，当选为威斯康星州的第二巡回法区的法官。在盖茨堡战役那年（1863年），他又当选连任。李将军投降后，安德鲁·杰克逊总统派他任1868年路易·拿破仑的巴黎博览会的美国代表团团长。普法战争后，格兰总统又任命他为联邦政府高等法院法官，卸任后即专心写作，兼任法律学校的评议员。当时，他的次子弗兰克毕业于哈佛大学（1867年），子承父业，担任地方检察官。他在孙子麦克阿瑟的记忆中是一位长着络腮胡子、有英雄气概的人物。

祖父对他的孙子的教训是："不到必要的时候，少说话为好，而且是讲得越少越好。"一次玩扑克牌的时候，麦克阿瑟拿了四张皇后，便把所有的钱都下了注，摊牌的时候，才发现祖父手里有四张国王。祖父趁机教训他："孩子，一生中没有一件事是绝对的，一切都是相对的。"

麦克阿瑟的祖父母在佛罗里达州洛克莱治过冬，在大西洋城避暑，最忙碌的时候是在华盛顿北街 1201 号，年轻的麦克阿瑟经常看到那批显贵豪富——实业家、教授、众议员、参议员、政府官员和法院法官们，络绎不绝地登门拜访。他能感觉到祖父的威严与受人尊敬的程度。有一次，祖父在大西洋城眺望浪潮时，教训他的孙儿们，人生中有些东西或许是相对的，但家族的父子世袭的社会地位，是近乎不变的。

父亲的功勋

麦克阿瑟的父亲阿瑟第二很勇敢，他 17 岁那年，美国内战爆发，便投身军队。他身为麦氏家族的一分子，又是法官的儿子，自觉应该为国效劳。他的父亲曾给林肯写信，要求把儿子送入军校，参议员杰姆斯·R.杜立德把他带进白宫，总统解释西点军校候补军官目前无缺，十分抱歉。法官又在密尔沃基施展了政治手腕，1862 年 8 月 4 日，阿瑟第二终于被任为陆军中尉，并成为日后被他统率的联队的副官。

阿瑟第二被称为"娃娃副官"，他的司令官也曾很生气自己的副官居然是个小孩子，但他在作战时的表现却令人刮目相看。上司称赞他勇敢，把他的军阶升为上尉。第二十四团对他的考核是："立即了解情况……深具信心，集中精神统辖团队。"

他在教士岭的表现很出色，打了胜仗，当时的上尉写信给阿瑟第一：

麦克阿瑟法官：

　　阿瑟很了不起，他好像什么都不怕，在丛林中可以跟一群猛虎打架，他是团队的英雄。你知道，现在的军官有缺，要投票补充，阿瑟已被一致通过，升为少校。

此后，南北战争中，阿瑟第二屡建奇功，19 岁就擢升为上校。内战结束后，威斯康星第二十四团也随之解散，阿瑟第二昼夜攻读法律，不久又因为边境的印第安族作乱，被迫放弃，重新被编入正规陆军担任少尉军官，后来又升为中尉，1866 年进阶上尉。

阿瑟第二在驻边界期间，镇压骚扰、排解纠纷的生活十分枯燥，每天的大事就是薄暮时的下旗典礼，仪式非常隆重。晚间熄灯号前，大部分人都饮酒消遣，也有人利用闲暇时间读书。阿瑟第二在这段时间，潜心研究政治经济，探讨殖民地时期及革命时期的美国历史，比较英国和美国的宪法，广泛地研究各国文化和制度，攻读各名家的著作，为的是接受华盛顿国家法律学院的法律博士学位。

阿瑟第二比他的父亲更严肃，但他时常会表露一下自己的机智。他在新奥尔良市军事法庭任职时，有一位棉花经纪人急于借用军方运输设施，便把巨额现金留在了他的桌上，并介绍给他一位南方美女。但他不为所动，把详情电告给华盛顿当局，并宣称："已将现金交存国库，请求调职，以免终被蛊惑失职。"

他坚定地没有屈服，但是下次来到该市时，却坠入了情网，对方是22岁的淑女玛丽·平克尼·哈迪，她是弗吉尼亚州诺福克棉花经纪人的女儿。

1875年1月，这对有情人在狂欢节最后一天的舞会上又见面了，经过一段时间的情书往来，他们终于在1875年5月举行了婚礼。

1885年秋，阿瑟第二的职业前途透着一丝曙光。赛尔登堡的例行考核后，视察员向上司报告，说麦克阿瑟好像是大材小用。这次表扬使他被调到了利文沃思堡的步兵骑兵学校，那里的军官宿舍比较像样，小孩也能上学。

1889年7月1日，阿瑟第二获升为少校，被调回华盛顿任高级副官助理。在华盛顿任职，他、妻子和孩子们过了四年快乐的生活。1893年，他被调到西部，驻防在得克萨斯州的休斯敦炮台。这里是得州军部最舒适的防地，麦克阿瑟的妈妈哈迪有一个女仆可供使唤、做家务，少校有一间书房，能安静看书。13岁的麦克阿瑟是目前唯一被带在身边的孩子，在军校读书。

麦克阿瑟的法官祖父于1896年8月24日逝世，逝世前，他亲眼看到儿子晋升为中校。1897 年 10 月，刚刚晋升中校的阿瑟第二又被调驻明尼苏达州圣保罗的一个部门。这时，他的长子阿瑟第三已经离开了海军学校，幼子麦克阿瑟预科大学毕业，两个孩子都离开了父母。当时，阿瑟第二已经 52 岁，两鬓灰白，但美国与西班牙间爆发的战争，给了他一个适当的表现机会。

他曾经冲动地阻止幼子应征入伍，但想到自己或许能够恢复 33 年前内战时的上校军衔，结果让他喜出望外，他被越级升为陆军准将。

1898 年 6 月 1 日，华盛顿电令他向驻旧金山的韦斯利·梅里特将军报到，随军远征菲律宾。1898 年 7 月，美军攻下古巴，8 月 4 日，阿瑟第二准将率领 4800 名志愿军登陆马尼拉南部的卡维地。他们是韦斯利·梅里特少将所统领的 11000 人中的先锋部队和他们的盟军。菲律宾的反抗军由艾米利奥·阿奎纳多率领。9 天后，西班牙守将投降，美军伤亡轻微，仅 13 人死亡，57 人受伤。梅里特把该战归功于阿瑟准将，称赞他智勇双全，料事如神，并委派他为马尼拉军事总督兼宪兵总司令。该任命让麦氏家族引以为荣。

阿瑟第二希望按他理想的方式达成他的任务，他重新修订苛刻的西班牙法律，引进人身保护命令，编订关税制度，建立学校和医院。他准许菲律宾人结社集会，只要他们遵守诺言不将集会变成叛乱中心，但有些人仍潜匿地下打游击，顽强反抗。

后来阿瑟第二的一切军职都被解除了,在随后的八年中,他失意落魄,担任了一些毫不重要的职务,最后转到了管辖太平洋地区事务的部门。日俄战争爆发后,阿瑟请求华盛顿当局派他前往任观察员,他的呈请经过重重阻挠,最终获得批准。但在他抵达亚洲前,日本军队已获得决定性胜利,激烈的战斗已告一段落。

　　日俄和平会议后,他被派为驻东京使馆武官,哈迪也来与他团聚。后来,阿瑟第二、哈迪和年轻的麦克阿瑟(当时已经是尉官,任他父亲的副官),奉陆军部的命令,前往中国、法属印度、马来西亚、缅甸、斯里兰卡和印度,作为期八个月的旅行。

　　阿瑟第二一向被国会尊为英雄,此时被擢升为陆军中将,是陆军中的最高军阶,他是第十二位获此荣衔者。国会打算在他卸任后,收回该军衔。实际上,他卸任后,就径自回老家密尔沃基去了。

　　阿瑟第二个性率直、豪爽,到了晚年表现更甚。他在洛杉矶设计了一个掩护港,十分成功,那个保护港口的炮台就叫麦克阿瑟堡,以颂扬他的功劳。他时常批评陆军部和白宫,使当局很难堪。有一次他拒绝接纳德籍美国人参加征兵,他说:"美德间的战争无法避免。"为此他受到了当局的批评。三个月后,在1909年6月2日,64岁的阿瑟第二提出辞呈。纽约邮报颂扬他为"有教养的君子,威名赫赫的军官,伟大的将领",其他的报刊也极力赞扬他,但阿瑟第二十分懊恼。

他告诫哈迪，将来他死后，不穿戎装，也不要葬在阿灵顿国家公墓，并且不要任何军事褒扬。

阿瑟第二的旧部，威斯康星第二十四团每年联欢一次。1912年9月5日星期四晚上，他们在密尔沃基举行联欢，这时攻占教士岭的同志仅存90人。阿瑟第二正在病中，但他听说州长不能莅会致辞时，便带病起身，前往参加集会。医生及哈迪都没有劝阻得了，在联欢会上致辞时，他倒在地上，经抢救无效，一代名将，就此溘然长逝。

母亲的教养

平克尼·哈迪是个意志坚强的人，跟随阿瑟第二开始军旅生活后，她更需要刚毅的精神来适应她的新生活。她曾接受过为人妻的教养，但不是军人的妻子。她仪态动人，擅长舞蹈、刺绣、水彩绘画和瓷器装饰，但这些并不适合随军生活。一次，他们需要跋涉几百里路，八天八夜都在行动局促的军车中，阿瑟第二曾要求调任公使馆武官，格兰总统虽表同情，但碍于国会和新闻界的敏感批评，未敢徇私。

哈迪怀孕后，只好留在娘家待产，所以长子阿瑟第三和次子马尔科姆出生在他们的外婆家。那个时代，医药还不发达，生育孩子都是战战兢兢的，马尔科姆6岁时得麻疹死了，第三个儿子道格拉斯·麦克阿瑟1880年1月26

日在防地阿肯色州出生。

防地的生活对男人来说已经很苦，对女人来说，简直是受苦受难的地方。夏天酷热易于染病，冬天严寒难耐，经常受印第安人袭击。就是这种生活，哈迪都忍受下来了，她的确很勇敢。就这样奋斗了10年，她辛勤劳作，手脚都生了老茧，尽管美貌已消逝，但她仍昂首自豪。

道格拉斯·麦克阿瑟的童年，几乎全是跟随父母在军旅中度过的。他5岁那年，父亲率领着他统领的K连到利文沃思堡驻防。道格正是淘气的年龄，而且防区内没有玩伴，道格只能和他的哥哥阿瑟玩耍，另外还有一位与他们年龄相近的毕廉·休斯（K连一个中尉的儿子）。

他们在塞尔登堡的时候，上学前就懂得骑马和射击了。他们每个人都有自己的小马，赤着脚，光着背，跳上马背，就向旷野奔驰，打野兔，或观看父亲检阅部队，晚上围坐在地上听士兵们讲故事。

哈迪很注重孩子们的礼节，不管有什么特别事故——升旗降旗、年长客人来访等，她都要孩子们举手行军礼。

她每晚照顾孩子上床，并告诫孩子们，将来要做一个大人物，就像他们的爸爸或者是像罗伯特·E. 李将军。事实上，他们的父亲和李将军在战场上相互对抗。她不在乎这些，她只注重他的才华。

麦克阿瑟晚年时回忆："在塞尔敦时，母亲开始教我读书和演算，同时告诉我要有责任感。"他还记得母亲曾教训他：

"做正当的事，不要计较个人得失，凡事以国家为先。有两件事永远不可以做：说谎、搬弄是非。"

他们对母亲很依恋，有一次妈妈告诉他们，男人不该哭泣。他反驳说父亲在降旗的时候，眼睛常是湿湿的。母亲立刻解释，那是不同的，那是爱国的表现，是被允许的，但是恐惧的眼泪是绝对禁止的。

麦克阿瑟的母亲一直跟随着他，直到他 50 多岁的时候，所以早年时候，母亲对他的影响最大。如果说他的父亲给了他一个男子汉的榜样和爱国的热诚，那么，他的母亲教了他许多其他的品德，使他终生受用不尽。

西点军校生

爱运动的小学生

麦克阿瑟承认自己当时并不是个好学生,他的功课较差。与同龄的儿童相比,他失去了游荡的自由,但补偿是军队检阅时的刺激:骑兵在马上做威严状,炮兵拖着大炮和弹药车,步兵背着有闪亮刺刀的步枪。

麦克阿瑟9岁的时候,他父亲被调到华盛顿,他们一家跟着搬进了罗德岛大道的一所房屋。华盛顿的一切,对他来说都很新奇,但是这儿也是灿烂与雄伟、政治与外交、手腕与阴谋的集中地,与西部边境的色彩和令人激动的情景不同。

1893年,13岁的他,听到父亲和母亲说他身上有军人的气质。阿瑟第二只是顺口说起,但是麦克阿瑟听后,就发誓要做一个他父亲所赞许的军人。

1893年的秋天,他的父亲奉命来到圣安东尼奥,麦克阿瑟进了一所学校,就是后来得州军事学校的前身。

他皮肤黝黑,身体健壮,长相英俊。同学们都很羡慕他,因为他的父亲是少校;又轻视他,因为他是走读生;又妒忌他,因为他举止得体,而且是一位优秀的学生。

第三年，同学们对他的态度有所改变了，那是他在运动场上赢来的。他是学校的网球冠军。最后一年，他更是取得了一连串的胜利，足球、棒球都立于不败的地位。他被选为 A 连的士官长，这是走读生的最高荣衔，学业成绩平均 97.33 分，学校授予他金质奖章，要他代表 1897 年的毕业班致告别词。

进军西点军校

毕业后的麦克阿瑟准备进西点军校，但是他没有得到入学许可，为此他的父亲尽了最大努力，也没能如愿。最后，他的母亲下定决心，迁居到密尔沃基，成为国会议员奥德仁区内的合法居民，等待着 1899 年保送西点军校的考试。

他们住在普伦京敦寓邸，麦克阿瑟插班进入西城中学上学，每天往返步行 3 公里路，回家再跟母亲补习代数、英文和历史。考试前夕，他彻夜失眠，第二天吃完早餐后，头晕得想吐。他母亲督促他去考试，路上让他不要害怕，要有信心，相信自己，即便考不上，知道自己已经尽了全力就好。

考试的结果与他的努力成正比，他不仅考上了，成绩还名列第一。他自己说："这个教训永生难忘，准备是成功和胜利的秘诀。"

1899 年 6 月，道格拉斯·麦克阿瑟终于进了西点军校，

西点军校

而他的母亲就住在军校附近的旅舍，一面照顾儿子的生活，一面督促他、勉励他，可真是用心良苦。

西点印象

军校管制很严格，假期很少，只有两个时节可以外出——陆海军足球大赛时和夏季学期结束时。如果学生需要骑马外出，必须要以名誉担保中途不下马，甚至不准带钱、不准抽烟。

军校的学生不多，只有 332 人，大家相互都认识。因为道格拉斯·麦克阿瑟的父亲是菲律宾战役中的有名将领，所以他到校的第一天，大家就对他特别注意。大家也一定很想知道一代传奇将军麦克阿瑟在西点军校是什么样的吧？那就看看他当时的同学们对他的评价吧！

那一期的第一个班长罗伯·E.伍德后来说："当时我们都认为麦克阿瑟是一个天生的名副其实的领袖人物。"虽然是事后追忆，但当时新入学的麦克阿瑟的确给人好感，伍德还说，他是学校里最英俊的学生，身高一米八多，身材修长，体格壮健，眼睛深邃而神采奕奕。

休·S.约翰逊也赞许他："英俊而不畏缩。"

冯登称他是"典型的西部汉子""脸色健康红润"。

另一位同学马迪·麦罕描述他："像王子一样神气，身高一米八多，黑头发，面色红润，即使只穿泳装，也能看得出他是一个军人。"

最后一位说："他大概从八岁起就自认为了不起了。"

其他好多同学对他的评价是"像狮子一样勇敢，鬼一般精灵""头脑像海绵""一旦下定决心，决不改变主意"。

还有两个评价很特别："你如果了解了麦克阿瑟，不是爱他，就是恨他，绝不可能只是喜欢他。""他很有个性，从来没有一个同学会像他一样。"

尽管上面的说法有些已经被时间所歪曲，但是与其他新生相比，麦克阿瑟显得比较高大一些，因为他受父亲的声望、母亲的督促比较多，也促使他成为一个特殊的人。

有一次，午餐前，餐厅服务人员临时罢工，招来骑兵队员代替，现场弄得一团糟，学员司令官查尔斯上校要求学员们合作忍耐，麦克阿瑟也讲话了。有人回忆当时的情况说："麦克阿瑟并没有让他们做什么，他只用简单的词句，告诉他们该怎么做，而他们也都做得很好。查尔斯上校在恳求他们，而麦克阿瑟却在命令他们。"

曾与他同室的同学乔治说："他看起来并不刻苦，但是，一旦读书的时候，他全神贯注，心无旁骛。"

军校逸事

新生入校的前三个星期，是受难最多的时期，当时有个说法是"野兽营"，从这个名字，就能想象出当时的情况。新生如果不服从高年级生的命令，就要受种种酷刑式的苦难。麦克阿瑟也曾受过罚站或其他残酷的体罚，但他咬紧牙关，都忍下来了，决不吭一声。

当时，有个同学因为受不住体罚而自杀，该戏侮新生事件成为全国丑闻，国会特组委员会负责调查此事，麦克阿瑟被传作证。这时麦克阿瑟想起了母亲一向的教训，他把全部实情都说明了，但始终没有说出相关的高年级生的姓名。他这一行动，被全体同学赞许为沉着而勇敢。

麦克阿瑟学习很用功，他有时还用毛毯遮住窗户，通宵啃书。他曾说过："我不知道自己能不能像父亲那样伟大，但是如果勤奋就能达到目的的话，我还是有机会的。"在班上，麦克阿瑟的射击瞄准和马上骑术都精湛熟练，无可匹敌。他毕业时的总平均分数是 98.14，西点军校从 1802 年建校以来，只有两人获此高分，1884 年有一位毕业生得 99.87 和 1829 年的罗伯特·E. 李得 98.33。

军事课业方面，他的分数也是最高的，他的动作敏捷，步伐轻快，每期都能获得最高荣誉。

麦克阿瑟曾一度热心于运动，三年级的时候，他代表陆军校队，与海军校队初次进行棒球比赛，饱受友队讥讽，但终于获得了胜利。后来还参加了足球校队，并任干事。到了四年级时，他放弃运动，专心准备毕业考试。

在毕业前夕，突然发生事故，差一点迫使他提前结束军旅生涯。这件事对他来说，关系个人荣誉，但在别人看来，却有点小题大做。

西点军校有个传统规定，学生的某项功课，平时如果获得了最高分，该功课就可免试。麦克阿瑟的数学平均分数最高，照例可免参加考试，但考试名单发布的时候，他仍榜上有名。麦克阿瑟很生气，便向教官抗议，教官说他平时因病缺席测验，所以不能免试。麦克阿瑟大怒回到宿舍，室友问他怎么办，他生气地说："如果明天早上 9 点前，不把我的名字去掉，我立即退学。"

没人能说服他，他的母亲也劝阻不了。室友很担心他，一晚未合眼，而他本人却呼呼大睡。第二天早上 8 点 50 分，勤务兵来通知他不用去考试。麦克阿瑟这种决不畏缩的意志，即使面对比他更显赫的人物，也决不妥协。

关于麦克阿瑟在军校的生活,也有一些罗曼蒂克的插曲。他身材修长,年轻英俊,举止潇洒,一般的妙龄少女,都会为之倾倒。1903年,团中盛传他同时与八个女子订婚,还是他的母亲站出来为之辟谣,说他已与事业结婚。母亲的做法引起了不少眼泪与抗议,但麦克阿瑟并没有反驳他母亲的说法。

1903年6月11日,西点军校举行毕业典礼,他父亲特地从旧金山赶来参加。麦克阿瑟领取毕业证书后,交给了他的父亲,他父亲很高兴地望着他得意扬扬的母亲。

麦克阿瑟是以少尉军阶毕业的,他原本希望能加入骑兵队,但为了在校的纪录,他自动加入工兵团服役。工兵团升迁较快,但实际上,对麦克阿瑟来说,无论在哪里,他总是会升的。

不管加入什么队伍,他都没有20世纪的作战经验,没开过机关枪,不懂铁丝网、坦克车,也没学过两栖作战。西点军校所教他的只有一个目标,也就是学校的校训:"责任、荣誉、国家。"他把这训示看得很重要。麦克阿瑟曾私下告诉同学说:"除了家,我就爱西点。"

在西点,同学们分两派:一派抱怨麦克阿瑟只相信自己,另一派觉得像麦克阿瑟这样杰出的人物,竟然把谦虚当作伪善。没想到的是,这一派系居然延续了一个世纪。道格拉斯·麦克阿瑟是一个刚毕业的陆军少尉,他刚二十出头,高傲勇敢,什么都不怕。

他毕业后最初的两个月跟父母一起在旧金山，当时，他父亲的政治生涯正在走下坡。不久，麦克阿瑟成功地拦阻了一个军中逃犯，事后他叙述："一个粗壮的汉子拿着长柄镰刀，他躲藏的地方很容易被发现……在他有逃走的机会前，我已控制了他。我把他交给警卫的时候，他吐了一口唾沫，吼叫着说：'你们这些可恶的西点学生！'"这时的麦克阿瑟已经有进了战场的感觉。

在旧金山的大部分时间，麦克阿瑟遇上了四年学校生活中所未接触过的世界变化。当时是工业技术迅猛发展的年头，第一部电影《火车大劫案》的出现、人造丝的发明、无线电传播的诞生、巴拿马运河的通航，以及那年12月，莱特兄弟的飞行成功，都是划时代的成就。

世界各地激起了许多震撼人心的社会自觉，出版界的许多杂志都大胆地揭发了工商界政坛的许多丑闻，这对麦克阿瑟爱好自由进步的一面鼓舞很大，也给了他后期统治日本时改造政策的启示。

初露头角

亚洲之旅

　　麦克阿瑟毕业后接到的第一个任职令，就是被派往菲律宾。他搭乘"谢尔曼号"轮船，经过 38 天的航程，到达了马尼拉。登陆后，他便在卡维地海军基地检视古老大炮、古代要塞遗迹和西班牙船的残骸。他从卡维地隔着蓝灰色的海湾眺望深绿色的蝌蚪形火山岛科雷吉多尔——马尼拉主要的防卫线。他对这个由 7000 多个岛屿所构成的菲律宾很是喜爱：

　　　　那股懒洋洋的气息使最枯燥的生活也变得迷人起
　　来，爱开玩笑的男人和如月光般柔和可爱的女人，紧
　　紧扣住了我的心神，使我永难忘怀。

　　他最初驻在班乃岛的伊洛伊洛港，后来又到了莱特岛的塔克洛班，监督船坞的建造，率领巡逻队。之前就有人警告他，这里的男人并非都爱开玩笑，一天下午，当时是 11 月，麦克阿瑟不顾恫吓，带着一小队人进入丛林伐木，他没想到

这里会有危险，在那里他们中了两个游击队员的埋伏。一颗子弹打穿了他的大帽并击中了他后面的一棵小树，他立刻拔出手枪，击毙了两个偷袭的人。

在莱特岛时，他染上了疟疾，被调回了马尼拉。1904年3月，他又参加了晋升考试，口试合格后，在4月晋级为中尉。

在马尼拉驻留期间，他担任支付官，并协助驻菲律宾首席工程官。复原后，被调往测量巴丹半岛的马里韦莱斯港，他给出的结论是，"阿奎纳多最后盘踞在此半岛顽抗，是非常聪明的"。回马尼拉后，一天晚上他和上司詹姆斯·G.哈伯特在海陆军俱乐部进餐，哈伯特介绍他认识了两个菲律宾青年——曼努埃尔·奎松和塞吉奥·奥斯梅纳。

10月，麦克阿瑟搭乘运输舰"汤姆士号"返国，抵达旧金山。在旧金山，他和一位上级长官起了冲突，除了在西点和数学教官争吵，这是他第一次与人冲突。刚好这时他疟疾复发，卧床两个多月，冲突也缓和了下来。这时，他的父亲奉命去观察日俄战争，他的大部分时间都在母亲的唠叨下度过。

1905年7月，麦克阿瑟被任命为代理太平洋区的首席工程官。三个月后，华盛顿作战部下令调道格拉斯·麦克阿瑟为阿瑟·麦克阿瑟少将的副官，立即赴东京报到。

阿瑟将离开东京赴亚洲各国考察，他的太太和麦克阿瑟同行，这是麦克阿瑟难得的良机。10月29日，一个下雨的星期日，麦克阿瑟在横滨的东宫旅社和父母见面，星期三，他们一同出发。首先，他们视察了长崎、神户和京都的日本军事基地，然后转往上海、香港和爪哇。他们在新加坡过圣诞节，在缅甸过新年。1906年1月14日，在加尔各答登陆，此后两个月，游览了印度的名胜。4月到了曼谷，曼谷国王拉曼五世宴请了他们。然后他们转往西贡，并畅游了中国，经广州、青岛、北京、天津和汉口，又返回上海，到6月下旬返回日本。

旅途中，英国殖民地的绅士给了他们热诚的招待，让他们很感动。但亚洲人对他们的殖民主子并不感兴趣，他们希望有足够的粮食防止饥饿，足够的衣服抵御严寒和够大的茅屋庇护家人。

麦克阿瑟在离开加州前，曾阅读过阿尔伯特·贝弗里奇在1900年的演说词——"统治太平洋的国家就是统治全世界的国家"。他通过观察证实该说法并非谬论，后来他对此次旅行的评论是："毫无疑问，这次旅行对我的终身事业有最重要的影响，我认为，美国的未来和其生存，不可避免地要和亚洲及其前哨岛屿联结在一起。"

7月17日，在归途中，麦克阿瑟父子谈起了日本将领，并归纳对新世界强国的印象。阿瑟·麦克阿瑟相信日本帝国主义的野心终将是"太平洋问题"的中心。他警告作战部长应加强菲律宾的防务，重视这些岛屿的战略形势。与其让它们成为美国的负担，不如让它们成为美国的资产。

麦克阿瑟父子的眼光，在当时似乎很辽阔。但 1909 年就有人提醒过麦克阿瑟，有一个美国人叫何马·李的写了一本奇怪的预言书，他写道：

> 征服古巴，要由来自远方的军港的登陆部队完成，菲律宾也会这样被击破。吕宋北岸的林盖洋海湾或东岸的普利洛小湾，将成为日本的关塔那摩湾（位于古巴东南端关塔那摩省，湾中设有属于美国海军的关塔那摩湾海军基地）。如果美国军队要在马尼拉防守，宣战后两星期，会被压倒性多数的敌军包围。

麦克阿瑟中尉在那本书上做了记号，放在一边以备将来参考之用。

优秀的工兵

1906 年秋季，麦克阿瑟被选入华盛顿管区的应用工兵学校进修。12 月 4 日，他被任命为西奥多·罗斯福总统的侍从副官。总统问他对远东问题的看法——这对一个低级军官来说，是一件令人受宠若惊的事。

1907 年 8 月，麦克阿瑟从应用工兵学校毕业，被派到密尔沃基的工程部担任河川与港湾工作的助理工程师，在此期间，他与父母同住。

在密尔沃基任职时，麦克阿瑟应该听命于威廉少校，但他却时常因为顺从双亲的意愿而违抗少校的命令。他的父亲无官一身轻，喜欢在空闲的时候，和儿子畅谈菲律宾政治的微妙、东方的神秘等，哈迪也经常让儿子陪她出席社交场合。麦克阿瑟尽量顺从父母的命令，这使

年轻帅气的麦克阿瑟

得他的上司很生气，多次指责他旷怠职务。三个月后，少校调派麦克阿瑟去大约 100 公里外监督密歇根湖港口的重建工程。少校向华盛顿报告：

> 麦克阿瑟中尉口头埋怨，不时抗命旷职，因而暂时调离密尔沃基，以观后效。

麦克阿瑟的回答是："希望有八个月的时间不受干扰。"

麦克阿瑟在北方待了一个月，天气严寒，工作停顿，他回到密尔沃基过冬。显然，他对该职务十分不满，他与上司

意见不合，还要尽量满足父母的不合理要求，所以他想法远离他们。他推辞了西点的教席，给陆军部父亲的老朋友写信，要求调离威斯康星。

几经周折，阿瑟第二的同事富兰克林·贝尔少将终于想办法把道格拉斯调到了堪萨斯州。麦克阿瑟的上司摆脱了不服从的部下，初次带兵的麦克阿瑟也十分称职。各得其所，皆大欢喜。

麦克阿瑟受命指挥 K 连，每天带领士兵跑步 50 公里，教他们如何快速搭架浮桥，训练他们射击、骑术、使用炸药。在下一次总检阅时，他们那一连的成绩遥遥领先，后来他说："这比让我升为将军更让我高兴。"

他工作很努力，写了一本破坏战地手册。他教书并担任防区的军需官、后勤监督、工程官和支付官。在下一次的绩效报告里，他被称赞为"最优秀而能干的军官"。

麦克阿瑟在利文沃斯堡待了四年，1911 年 2 月 11 日他升为上尉——他做了七年的中尉——陆军时常派他出差，担任三到六个月的各种任务，他曾经被派往巴拿马，研究运河区的工程、供应和卫生问题。

1911 年中，他带士兵们参加得州大演习。他们在圣安东尼奥搭好帐篷后，麦克阿瑟便去了得州军事学校，希望重温青年时代的旧梦。但是那里的学生们却嘲笑他的大帽子，他们嚷着："你的帽子哪里来的……"

他只好偷偷溜走，晚上，他回到了旧居。事后他这么说：

那是一个明亮的月夜，空气中飘着吉他和曼陀铃令人难忘的旋律，让人异常兴奋。但是，一个金发女郎走出来，尖声问他："你在这里干什么？一定是喝醉了。快走开，否则我叫警卫了。"

他只好退出。他在得州待了四个多月，却没有再走进校园。他说："我已学到了人生辛酸的一课，永不缅怀过去，光辉的火焰总会化为灰烬。"

1912年，麦克阿瑟的父亲去世了。麦克阿瑟和他哥哥阿瑟第三留在密尔沃基竭力安慰他们的母亲，但是，他们失败了，她坚持她病得很厉害，他们至少要有一个人留下来侍候她。阿瑟第三在船上服务，不能留下。麦克阿瑟只得以母亲病重为由，请求陆军部改派他到密尔沃基。但华盛顿方面并没有忘记过去的不愉快事件，拒绝了他的请求。道格拉斯只好接母亲同住在利文沃斯堡。

母亲喋喋不休的诉说让他不胜其苦，他接连两星期失眠，筋疲力尽，意志消沉，茶饭不思。现在他是左右为难，朋友形容他："已成为崇拜残废老母的忠实奴隶。"

最后，当时的参谋长伦纳德·伍德少将知道了他的情况。他是阿瑟第二的同事，很同情他们的处境，于是说服新的陆军部长亨利·L.史汀生，让他看在阿瑟·麦克阿瑟的功勋上，帮一次忙。三个月后，麦克阿瑟被调往华盛顿，在伍德手下工作。

圣诞节时，麦克阿瑟和他母亲的情况都好了很多，他们搬进海德莱公寓居住。这是麦克阿瑟第二次在首都供职。

一个月后，麦克阿瑟暂时被调到了参谋本部，1913 年9 月 25 日，他被正式任命为参谋本部的一员。此时麦克阿瑟已 33 岁，还没有结婚，体重 60 多公斤，修长文雅，是华盛顿未婚男子中的佼佼者，但是他下班后，很少离开海德莱公寓。

脱颖而出

麦克阿瑟渴望自己能像父亲在教士岭之战中那样一举成名。1914 年春天，他的机会来了，美国和墨西哥已近开战边缘，因为墨西哥保守派的维克托里亚诺·韦尔塔将军不愿向美国国旗致敬。陆军部下令备战，伦纳德·伍德急需当地情报，便派麦克阿瑟上尉前往韦拉克鲁斯研究地形并侦察一切有用的情报资料。于是，麦克阿瑟搭乘"内布拉斯加号"军舰前往墨西哥，5 月 1 日抵达韦拉克鲁斯。

当时，威尔逊总统已下令海军攻占韦拉克鲁斯，并由陆军准将弗雷德里克·芬斯顿率陆军一旅驻守。麦克阿瑟发现当地情势艰险，要有相当的勇气和智慧才能应对，于是他决定深入敌后，搜集情报。这种行动非常冒险，范斯登不赞成，所以不愿为他负责。麦克阿瑟认为自己既然是华盛顿方面派来的，应直接向华盛顿负责，所以斟酌情势后，决定只身进行侦察。

韦拉克鲁斯缺乏驴马、车辆，仅依赖铁路运输，虽然当地有不少车厢，但没有机车仍无济于事。麦克阿瑟决定深入内地，寻找机车，以供运输军队之需。最终他找到了两名铁路火夫，并答应他们事成后回韦拉克鲁斯取酬金150元金币，结果，他们找到了五辆机车，其中两辆为调车机车，没有用，其他三辆是完好的大机车，很合适。他们检视一番，循原道返回。

归途中，他们不幸遭遇了狙击，历尽艰苦，第二天早上安全返回。当天下午，麦克阿瑟写信向伍德报告经过，在最后加述道：

> 芬斯顿准将处事妥善，略有小疵，不便评论。自从分别后，很怀念你，但愿万事就绪，能早日出马竞选，我会为你荣登白宫宝座祈祷的。

美、墨两国并没有宣战，一场风波平息了。伍德也没有出马竞选，所以难登白宫宝座。但是，韦拉克鲁斯事件却让麦克阿瑟脱颖而出。他大大地显露了自己的聪明才智、机灵勇敢和奉承上司的技巧。伍德对麦克阿瑟在这次远征中，冒生命危险自动自发完成任务的行为大加赞赏。所以替他呈请表扬，说他冒险犯难的精神与勇气，应给予荣誉奖章。

表扬审查委员会认为麦克阿瑟此次行动，事先没有征得芬斯顿准将同意，如果给予表扬，怕今后其他的部属遇到相似情况，也会漠视当地驻将，擅自行动，可能会对已定的战略造成危害，后果将不堪设想。因为这些理由，表扬审查委员会决定："伍德的推荐表扬，应予免议，以儆效尤。"

这个处置方案让麦克阿瑟很生气，他还呈书抗议，说审查委员会小心眼儿，缺乏进取心。结果，抗议无济于事，反而贻人笑柄。

从墨西哥回到华盛顿后，麦克阿瑟仍在参谋部供职，1915 年 12 月 11 日，晋级为少校。此时，美国参加欧战的计划如箭上弦，麦克阿瑟则正与海军部副部长富兰克林·罗斯福共同草拟国防计划和经济动员方案。新任的陆军参谋长佩顿·C.马奇于报告中称述：

> 麦克阿瑟少校是一位高尚正直、非常有效率的军官，极适合需要外交手腕和高度智慧的工作岗位。

1916 年陆军部长纽登·D.贝克派麦克阿瑟做他的军事助理，主持情报局工作。7 月又任命为新闻检查官，与采访陆军部新闻的记者们保持联络。

九个月后，美国正式参战，39 位记者为表示感谢新闻联络官的合作，联合致函陆军部长，十分赞扬麦克阿瑟执行业务的公平与睿智：

如果我们最后对我国军事政策有任何明智的决定的话，这都是麦克阿瑟少校透过我们的协助所形成的群众舆论所造成的。

陆军部正在热烈讨论该不该调遣国民兵到国外作战的问题，参谋本部多数反对使用国民兵，主张派50万正规军赴欧。文件传到麦克阿瑟手上时，他表示了自己的见解。他日后追述此事时，说："我因工作过量，疲惫不堪，没有考虑就签署了意见。我反对该项结论，但我不想详细说明我的理由，因为我知道没有人会注意。"

贝克部长和麦克阿瑟一样，对国民兵很有信心。部长传见他，对他说："拿起你的帽子，我们一起去白宫把这问题向总统报告，请总统决定。"

在一小时的争论中，他们竭力建议使用国民兵。最后，威尔逊总统说："贝克，我和你的意见大致相同，去实行吧。同时多谢你的坦白，少校。"

贝克部长又和麦克阿瑟及准将威廉·A.曼商讨如何派遣，麦克阿瑟建议从各州抽调一些部队，组成一师，曼准将也同意这个办法。后来，贝克叙述其事："当时，麦克阿瑟站在一边，他说：'这样的一个师，包罗全国各州，就像天上的彩虹一样。'这个师的名称就这样被定下来了。"

曼被派做该师的师长，麦克阿瑟建议在参谋本部内推选一位上校做他的师参谋长。曼立刻说道："我已挑好人选了，就是你。"麦克阿瑟表示自己还不够资格。贝克把手放在他的肩上说:"你错了,现在你就是一个上校,我立刻签发你的委任令,我还以为你是想在工兵部队呢。"

麦克阿瑟回答说:"不,还是步兵好。"后来他的解释是他父亲曾在威斯康星第二十四步兵团服务,所以自己也要做一个步兵。

事业不断攀升

第一次世界大战

1917 年春，美国向德国宣战，并加紧训练四十二师——由 26 州的国民兵调集组成的彩虹师。英法联军节节败退，无法维持，英伦海峡遭德国舰队封锁，粮食缺乏，无以为继，亟待美国主力军支援。

1917 年 10 月 19 日，彩虹师搭乘"柯文登号"轮船自霍伯根港出发，快到目的地时，被敌军潜艇发现并追踪，幸而平安抵达，麦克阿瑟率众安全登陆。

原彩虹师师长曼将军年老多病，潘兴将军遂改派麦克阿瑟的西点同班同学查尔斯·T. 梅诺尔少将继任彩虹师师长。

梅诺尔对年轻有为的参谋官颇为钦佩，对彩虹师亦衷心爱护，并授权于麦克阿瑟，全权指挥该师，麦克阿瑟非常感激梅诺尔的知遇之恩。

11 月中，彩虹师 33 名优秀的参谋被调，麦克阿瑟向潘兴总司令部抗议无效，不得不央求老友詹姆斯·G. 哈伯特准将——潘兴将军的参谋长出面阻止，收回成命。麦克阿瑟后来自己承认：这样做不合正常程序，所以受到潘兴将军僚属的忌恨。

在彩虹师中，麦克阿瑟颇受同僚爱戴，他很真诚地照顾士兵，所以大家相处十分融洽。当时，英法联军急需增援部队，潘兴将军命令四十二师开往吕内维尔，在前线接受最后一个月的训练。

1918年2月26日，法军准备夜袭德国阵地，麦克阿瑟晋见法军军长，请求一同出发，军长听闻后，面有难色，麦克阿瑟强调："如果见不到他们，我没法和他们作战。"军长觉得说得有道理，便答应让他参加。但如果他提前见到了麦克阿瑟出发时的那副打扮，恐怕就不会答应他了。

麦克阿瑟戴一顶便帽，穿一件套头衫，脖子上围着他母亲给他编织的四尺长的围巾，下身穿纯色马裤，骑兵的长筒马靴擦得雪亮，嘴角叼着一支烟嘴，带着唯一的武器——一条马鞭。

法国兵士在脸上涂泥巴，麦克阿瑟照做，他拿着法军借给他的割断铁丝网用的剪刀和挖土用的小刀，跟着法国兵爬上护墙。照明弹从他们头顶飞过，呈现出一幕"旅途末日"的景象。爬行的身体从铁丝网下穿过战壕，在风中前进，有一个人身后飘着围巾。

法国兵扔出一枚手榴弹作为突袭信号，手榴弹爆炸后，德国哨岗立即开火，警号随即传遍整个战壕。信号弹不断打入天空，机关枪也嘟嘟地响，敌人炮兵发射一排排炮火，他们就向四方散开。不过，突击仍在进行……

第二天早上，他们带着俘虏回营，其中一名德军上校，是麦克阿瑟用马鞭击中被擒的。那些法国兵都过来围着他们，有的握手，有的拍他们的肩背，有的给他们倒白兰地及苦艾酒。法军军长给麦克阿瑟挂上了一枚英勇十字勋章，并吻他双颊。梅诺尔将军后来也给他一枚银星勋章，还向纽约时报的记者称："麦克阿瑟上校是美军中最能干的军官，也是最受人爱戴的。"

　　德军受此挫折，猛烈反攻。彩虹师面对挑战全力转入前线。麦克阿瑟率领美国国民兵，奋勇当前，身先士卒，把德军打得落花流水，很快便占领了敌军阵地。此次战斗，麦克阿瑟又得了殊勋十字勋章，以奖励他的冷静和勇气。

　　麦克阿瑟赴前线时，从来不戴防毒面具，这使他在3月11日不幸中毒，差点瞎了眼睛。一位新闻记者看到麦克阿瑟的西点运动衫左袖被枪弹击穿，便问他为何冒此大险，他回答："人家的将军都准备牺牲，掉了一条手臂，缺了半条腿，仍在前线督战。"

　　德方的鲁登道夫准备在美军正式加入战斗前，对英、法军发动大攻势，希望一举将他们打垮而结束战争。法国福煦元帅向美方紧急求援，潘兴命令四十二师协助法军作战，以解巴黎之围。

　　根据麦克阿瑟的回忆有如下记述：

在 82 天中，彩虹师几乎在不停地持续战斗，6 月 21 日换防时，法军统帅是乔治将军。彩虹师当时在他的指挥下，他对四十二师的"攻击热诚、战斗精神和官兵表现的纪律"都大加赞赏。

一切的胜利都归功于指挥官麦克阿瑟，大家都说麦克阿瑟是最光荣的军官。不久，麦克阿瑟升为准将。他每次作战，都与士兵们同在战壕，鼓舞士气，做士兵楷模。梅诺尔称他为"陆军中最不顾一切的战士"，麦克阿瑟又得到了一枚银星勋章。

当协约国军总司令斐迪南·福煦计划反攻时，鲁登道夫突然撤军后退，彩虹师奉命追击，德军一面撤退，一面据山抵抗。麦克阿瑟巧妙应战，以少胜多，节节进逼，形成拉锯战，最后完全占领敌军阵地，获得了第三枚银星勋章。

当时的彩虹师分为第八十三和第八十四两旅，麦克阿瑟任第八十四旅旅长。一天凌晨，他率领传令兵潜入无人地带，敌人遗尸累累，至少有 2000 多具，臭气四溢，令人窒息。从他们衣服上的符号看，他们分别属于六个德国精锐师团。突然，有信号发出，两人立即仆卧在地面，麦克阿瑟瞥见三个德国兵——一个中尉伸出手臂，一个上士扑在机关枪上，一个下士在装子弹，他屏息等待他们射击，但毫无动静。传令兵把手榴弹转到另一手中，准备取出手电筒，但这个德国人不动了，那个中尉是中了炮弹，弹片穿过心脏，上士的肚皮被炸了个大洞，下士的脑袋开花了，他们全都死了。

第二天早晨，麦克阿瑟回师部报告，几位将军在研究军情，麦克阿瑟在旁边坐下，立即昏昏入睡。他已经四天未合眼，鼾声惊动了将军，大家都认为应该奖励他一番。于是麦克阿瑟又获得了第四枚银星章。

接着，他又把德军赶到了兰斯，彩虹师才得到了一个星期的休息时间。法国为表扬他的功勋，颁给他第二枚十字勋章，并授他为荣誉团指挥官。

随后，麦克阿瑟率军又攻占了一个要塞，获得了第五枚银星勋章。再向前挺进，抵达了麦兹要塞附近，麦克阿瑟与其副官徒步通过普法战争时的马斯拉图尔战场。他们登高后，麦克阿瑟用望远镜眺望麦兹城时指出："这一切正如我曾经怀疑的一样，麦兹实际上毫无防御，这是突破兴登堡防线的良好机会。占领了麦兹，就能切断德国南部战线，使战争迅速结束。"

麦克阿瑟回去后，立即建议进取麦兹，但没有获得批准，坐失良机。他认为"这是不适合现代战争的那种缺乏弹性的实例"。

往后的一星期内，敌人从斯特拉斯堡及其他地区调来几千名部队，联军部队再也不可能攻入麦兹了。

德军在1914年占领色当后，积极建筑工事，想作为撤回德国的后路。福煦洞悉鲁登道夫所筑的防御非常坚固，联军无法突破，希望美国主力军能解危。

美军于 9 月 26 日发动攻击，德军从没想到会有人敢来侵犯，所以大感震惊。当时，麦克阿瑟已得到了第六枚银星勋章，威信日隆。

10 月 3 日晚，彩虹师进入默兹—阿尔贡地区，突破丛林地区，接近夏蒂隆高地时，遭受敌人密集炮火的攻击，伤亡惨重。一天晚上，萨默罗尔将军来到麦克阿瑟的指挥部，对麦克阿瑟说："快替我攻下夏蒂隆，否则就给我一份 5000 名伤亡的名单。"

麦克阿瑟愕然，回答说："如果我们攻不下，你就把全旅官兵都列入伤亡名单，我的名字列在首位。"萨默罗尔深为感动，没有说话，就出去了。

10 月 14 日彩虹师在晨雾中出动，三日三夜，逐步推进，前仆后继，到战斗将终时，一营原有 1450 名士兵和 25 名军官，只剩下了 300 名左右士兵和 6 名军官。

最后，彩虹师终于冲破德军防线，把德军逼退到了默兹河对岸。潘兴将军称此次战争为"决定性的攻击，重要性不可忽视"。麦克阿瑟也认为这是"接近最后胜利的一战"。

萨默罗尔推荐擢升麦克阿瑟为少将，并授予荣誉勋章，但没有被采纳，仅奖予第二枚优秀服务十字勋章，称赞他为"具有坚毅决心和莫大勇气，率部队冲锋陷阵，使战争达成胜利。在战场上勇气支配一切，他的勇气就是最有力的决定因素"。

由于大家的奋勇参战，德军很快崩溃，士气涣散，鲁登道夫被黜，但犹作困兽之最后挣扎。

11月4日晚，彩虹师进逼色当，距城20公里，接防第七十八师。色当是个有历史性意义的城市，各方军队都想首先进入。潘兴将军决定在法军之前攻下色当。

11月5日下午潘兴咨询康诺尔准将。康诺尔即会同乔治·马歇尔草拟指令：

> 潘兴将军希望攻入色当的光荣战果归于美国第一军团，请注意把握时间，当晚进攻，界线划分，毋庸顾虑。

命令中最后一句，含义模糊，结果几乎造成了美国历史上的一大悲剧。彩虹师八十四旅正列队色当前6公里内，麦克阿瑟准备在24小时内攻入，这时如有军队经过，势必进入八十四旅火线内而自相残杀，幸亏麦克阿瑟机警，认清了友军，未铸成大错。

麦克阿瑟因攻克默兹高地，获得了第七枚银星勋章。这时总部有人指责麦克阿瑟不守部队条规——行军时不戴钢盔、作战不戴防毒面具、不带武器、手中老是拿着一条马鞭、不在后方指挥等。但总部并没有受此影响，相反梅诺尔升任军长，遗缺的四十二师师长指定由麦克阿瑟接替。同时，潘兴将军也通知他:"由于你对美国远征军卓越的服务,已报呈晋升为少将。"

战争在 11 月 11 日以休战的方式结束了,所有将官的晋级也停止了,麦克阿瑟升为少将的申请,也被冻结了。在该次战争中,麦克阿瑟获得了本国所颁的 12 枚勋章,包括两枚紫心勋章和一枚荣誉勋章,从外国获得了 19 枚荣誉勋章。

1918 年 12 月 1 日,麦克阿瑟率领八十四旅进占德国,麦克阿瑟因作战时受到过量毒气的侵害,得了严重的喉头炎,正好稍作休养。

1919 年 3 月 16 日,潘兴将军检阅彩虹师,亲自把荣誉勋章挂在麦克阿瑟胸前,在仪式中,麦克阿瑟戴上了很少戴的钢盔。两个星期后,远征军陆续返国,而八十四旅还留驻国外。此时,麦克阿瑟的母亲病了,她渴望见到征战沙场的英勇儿子,麦克阿瑟向军部请假,希望批准他回国探亲,最后经各方努力,他终于在 4 月 14 日搭乘邮轮返国,4 月 25 日抵达纽约。码头上凄凉空旷,竟没人欢迎奋战胜利的彩虹旅长!

西点军校校长

战争对西点军校是冷酷的,内战的发生使它分裂成两派,差不多四分之一的学生投向南方。美西战争时,西点军校正在转变的时期。第一次世界大战结束时，学校的情况也是一片混乱。

1917年美国向德国宣战，第一、第二两班学生刚毕业便立即入伍，其余的学员，在1918年也被编服役，但是因为缺乏训练，休战后，便被遣回学校，他们的帽檐加上黄边，以与普通学生区别。当时的学生士气很低落，1919年元旦，一位学生因遭戏侮而饮弹自毙，国会震惊，急忙整顿校风。

当时的陆军参谋长是佩顿·C.马奇，曾在菲律宾阿瑟·麦克阿瑟的部队服务，战时在法国与潘兴将军失和。

1919年春，陆军当局决心整顿西点，使它恢复生气，但是要选择适当人选来主持校务是件很伤脑筋的事，正好道格拉斯·麦克阿瑟自欧返国，因此5月12日征召麦克阿瑟在一个月内出任校长。麦克阿瑟虽极力推辞，但禁不起马奇再三坚持，只好接受，6月12日，他陪侍老母迁入校舍居住。

最初，西点学生对新任校长的反应并不友善。麦克阿瑟到任时，原任副官威廉正在办公大楼里写辞呈。麦克阿瑟走进来与威廉打招呼，握手拥抱，瞥见桌子上威廉写的辞呈，立即撕毁了，并把案头召唤副官的电铃撤除了，他说："副官不是仆从。"又说副官的职称不够尊严，改为主任比较妥善，后来便以主任称呼威廉。

威廉请示什么时间检阅学生，麦克阿瑟反问："有何目的？"

威廉答："欢迎新校长。"

麦克阿瑟回道："……以后见面的机会多着呢，何必多此一举？"

学生们听说了这件事，知道新校长不好出风头。威廉最先改变态度，进而对新校长十分钦佩。

麦克阿瑟办事敏捷，不喜欢积压公事，历来是今日事今日毕，案卷积压很少，是历

任西点校长时的麦克阿瑟

来所罕见的。在部属心目中，麦克阿瑟是最随和的，来客无论是士官还是将官，他都一视同仁。

威廉对他的评价是：

他可能会拍一下你的手肘或肩头，翘一下下巴，动一下嘴唇，眼光中一片慈祥，使你觉得快乐祥和。但他并不鼓励你对他态度随便，如果你对他不恭顺，就休想他来拍你的背脊。他最出色的特性是坚毅不移的沉着和惊人的自制力。他天生是一个领袖人物，使你敬之如神，同时也使你认为他并没有忽略你。很快，

你就会工作得更勤奋，并因钦佩敬爱而对他忠诚。一个领袖可以让部下服从，但忠诚是另一回事，你必须让部下心甘情愿。麦克阿瑟就知道怎样去赢得。他使唤人不用命令，他是贵族也是平民。我现在闭起眼就能想象出他穿了罗马长袍，傲慢地立在战车上。但一下子他又穿了自织的便服，坐在庞贝狭隘的人行道上，和奴隶倾谈。

威廉和其他同事，都对麦克阿瑟的思路敏捷有深刻的印象。他能问你一连串问题，让你来不及答复。但是他的眼光告诉你，在你没讲完时，他已经明了你想说的。

西点遵照他的指示，起床号提早一小时。他也同时起床，但他上午的大部时间，都在宿舍里处理事务，让同事们能够充分准备。10点半到11点左右，他才到办公室处理一个小时信件。他命令信件只要启封一半，只要他看过内容，就在信封背面写下符文，然后打字签名发出。

中午到1点，他照约定办事，此后两个小时，他回宿舍陪伴母亲，4点半到5点开会，5点后看看学生们练习运动的情况，晚饭后，就回书房阅读历史、文学和军事科学。他像父亲一样，喜欢阅读深奥的书。他也觉得他的军阶使他与众隔离，他对他的副官说："当你做了将军，你就少了朋友。"

麦克阿瑟当了校长后，西点有了很多改变。麦克阿瑟的第一件革新是，每个学生多发 5 美元的月费，周末有 6 小时的外出假，夏季有两天休假，他们能自由活动。例如到纽约度度假，足球季节可以随同球队访问哈佛、耶鲁及圣母学院。不再检查学生的信件，一年级学生可以自己组建会社，访问军官，并一同玩牌。戏侮新生已尽量禁止。有人向麦克阿瑟建议用口头责骂代替体罚——学生用书面辩护过失，还能够练习书法。麦克阿瑟立即同意。兵学教官仍可记过，但学生的程度依其军事态度和领导力而评定。每人每天要看两份报纸，以准备讨论时事，并实行荣誉制度，杜绝舞弊事件。

麦克阿瑟为了锻炼学生的体魄，还大力提倡运动。在学校体育馆门口，他令人刻上几行字：

> 在竞技场上，播下你的种子；他日在疆场上，收
> 获胜利果实。

他向国会力争经费，在哈德逊河畔修建了能够容纳 5 万人的运动场。每次练球的时候，麦克阿瑟一定穿件短大衣，肘间夹着随身携带的马鞭，蹲在运动场角落里观赏。但遗憾的是，他任校长期间，陆军在足球比赛中接连三场输给海军。

他对足球很失望，便把兴趣移向棒球，当时的棒球教练布莱克回忆起一次打球练习时的情景：

> 我打不到曲线球，麦克阿瑟跟往常一样在球场

上观赏练习，我知道他以前打过棒球，就向他请教打球的技术。他松开领扣，拿下皮带，走上球位。他也没打到球，这是我唯一一次看到他没有做到他想做的事。轮到我打时，非但接不到曲线球，连直线球也接不上了。

1921年，陆军棒球队击败了海军。那天晚上，学生们不顾校规，在校园里游行庆祝，放烟火，在校长寓所前绕了一圈。

第二天早上，麦克阿瑟偷偷地问队长："队长，昨天晚上你们好热闹啊！"

队长紧张地承认了。麦克阿瑟问道："处罚了几个人？"

"没有处罚。"

麦克阿瑟听后拍了一下桌子，说："真好！队长，你知道吗？我差点忍不住出来和他们一起庆祝。"麦克阿瑟实施的种种改革新政，遭到了顽固派的反对，尤其是参谋总长潘兴将军。潘兴不满他事前不向他报告就去听证，因此借故把他外调到了菲律宾。

麦克阿瑟在离西点军校30多公里外的一个游乐区的晚礼服舞会中遇到了露易丝，两人一见钟情，立即订婚。麦克阿瑟的未婚妻对新闻记者说："如果他不向我求婚，我估计我会主动向他请求。"

1922年1月15日，他们订婚的事在纽约时报宣布。新娘露易丝·布鲁克斯讨厌自己的第二个名字，喜欢人家叫她露易丝。露易丝属于新时代的人物，麦克阿瑟不懂股票市场，不喜欢爵士乐，更不会尝试无谓的新玩意，露易丝却全都喜爱。她曾与华尔特·布鲁克斯结婚，生有两个孩子，在1919 年离婚。

麦克阿瑟的母亲反对他和露易丝结婚，并拒绝参加婚礼，还搬出了西点，独自住在旅馆里。后来，麦克阿瑟被调往菲律宾。西点校长由弗雷德·温切斯特·斯莱登准将接任。

马尼拉军区司令

麦克阿瑟带着露易丝和她前夫的一双儿女从旧金山搭乘"汤姆斯号"邮轮赴任。在马尼拉五号码头靠岸时，他们就感觉到了热带的气候，呈现在他们眼前的是巴丹半岛巨大的峭壁和科雷吉多尔浅灰色阴森的形状。

起初，他被派为马尼拉军区司令，后又调任菲律宾侦察，同时奉命对巴丹半岛作彻底的研究，还要对与科雷吉多尔小岛仅隔 5 公里海峡的山陵半岛，拟订一个防御计划。

麦克阿瑟冒着闷热，亲自走遍了这崎岖蔓延的地形上的每一寸土地，走过羊肠小径和陡峻的山坡，穿越茂密的竹林，为这方圆四十里的地区，画了个详细的地图。

1923 年 2 月，麦克阿瑟接到国内的来电："母病速返。"

于是他立即携妻儿返国。幸好母亲不久后就痊愈了，便向潘兴将军致函，恳请他擢升麦克阿瑟，露易丝也委托由彩虹师退伍而成为首都权威律师的迈克斯协助麦克阿瑟擢升少将之事，几经努力，终得潘兴同意，颁布擢升麦克阿瑟为少将的命令。纽约时报誉为"陆军现任最年轻的少将，是正规军中最有前途的青年军官"。

1925 年 1 月，新任命生效，麦克阿瑟挂上了第二颗将星，正式升为少将，奉调返美，先在亚特兰大任职，后又调到了巴尔的摩。

在巴尔的摩，他接到华盛顿的命令，他认为这是他一生中所接到的最令人厌恶的命令之一——要他参加军法审判比利·米切尔。

米切尔是提倡空军十字军的殉道者，他被控的罪名是："以藐视行为伤害到良好的秩序与军纪，让人们不相信兵役制度。"

麦克阿瑟从小就认识米切尔，米切尔的父亲内战时在阿瑟·麦克阿瑟所服务的威斯康星第二十四团任职，他本人也曾在菲律宾充任阿瑟的部下。米切尔在赴菲律宾度蜜月途中，公开批评当时的空军防御，使当时担任夏威夷司令的萨默罗尔受窘。接着又在圣安东尼奥新闻记者会上，向记者宣称海军飞机的炸毁，应责怪海军上将，因为陆军部人员不接受飞行员的请求，也要负粗心的罪责。

米切尔的确犯了言语激烈的错误，但在理论上，他说的是正确的，事实也是毋庸置疑的。

麦克阿瑟正在沮丧的时候，他被推选为美国奥林匹克委员会的主席，1928 年，他亲自率领美国代表团参加在荷兰阿姆斯特丹举行的世界运动会，并夺得第一名。

麦克阿瑟从荷兰回国后，又接到命令被调往马尼拉。他大喜过望，认为这是最令人高兴的任命，立刻就要起程前往菲律宾。但露易丝这次不愿同往，并提出离婚，麦克阿瑟同意了。

到任的第一天，副官便拿来了厚厚的存档卷宗，麦克阿瑟立即吩咐焚毁，因为他不愿受前例支配，如果发生了问题，他会立刻解决。

麦克阿瑟特别注意到日本正在积极向菲律宾移民的情形，所以，他时常和当时菲律宾议会领袖奎松讨论日本扩展势力的问题。但是谈到应对方案时，两人意见不一，麦克阿瑟对日本移民表示担忧，而奎松与菲律宾商人则比较欢迎新来移民，认为他们能带来不少资金，可供企业发展。

当时任参谋总长的萨默罗尔将于 1930 年秋退休，政府正在考虑继任人选，而麦克阿瑟呼声甚高。起初陆军部长赫尔利反对，最后终于同意向胡佛总统提名麦克阿瑟继任参谋总长。总统在 8 月 6 日发表任命：

> 政府遴选，最后决定道格拉斯·麦克阿瑟将军是最适当的人选，他的卓越才干和纯真品性，众目共睹，毋庸赘述。

麦克阿瑟对此事的叙述是：

我盼望该任命已经很久了，但是面对可怕的考验，
我还是有点犹豫不敢担任。我母亲住在华盛顿，了解
到我的想法，便来电勉励我接受新职，她说如果我表
示胆怯，父亲将感到羞辱。

　　麦克阿瑟在 1930 年 9 月 19 日返国，11 月 21 日宣誓就职。
　　最初的几个月里，麦克阿瑟战战兢兢，竭力安分守职，
他穿着便装办公，很少接见宾客，避免交际应酬，晚上就阅
读父亲遗留下来的书籍。但是他也有自己的虚荣心，到巴尔
干岛旅行的时候，坚持要有专车供他使用，但他的这个要求
是为了顾及美国参谋总长的身份，而不是为了他个人。
　　1931 年秋天，麦克阿瑟又到欧洲观察法国陆军演习，
法国的陆军部长马其诺颁赠他大十字荣誉勋章。麦克阿瑟不
同意马其诺所主张的坚强防线，他向赫尔利报告道："下一
次战争一定是机谋重于行动的战争，不主动使用空军的国家，
势必遭遇惨败。"
　　随后又前往南斯拉夫，国王亚历山大亲自接待了他，他
是唯一参加南军演习的外国军官。
　　1931 年，日本对华发动"九一八"事变，麦克阿瑟因
此缩短了逗留南斯拉夫的时间，提前返国。到达华盛顿后，
他支持史汀生的主张，建议向日本发动有限度的战争——经
济制裁，然而胡佛总统不愿触怒东京便拒绝了。麦克阿瑟对
这位共和党总统的国内政策，颇表钦佩，但对于他减少军事

预算、削弱军备的做法，十分不满。

胡佛拟派麦克阿瑟参加在日内瓦召开的世界裁军大会，麦克阿瑟表示反对，他认为"杜绝战争的方法是禁止战争，而非解除武装"。他前往土耳其、罗马尼亚、匈牙利、波兰、奥地利等国家考察军事。此时，德国希特勒当权，野心勃勃，正准备重整军备，一显身手。

美国国会却一再削减军事预算，麦克阿瑟为此狂怒，对于紧缩经费方面他均可让步，唯独不肯裁减兵员。

1932 年改选总统，民主党罗斯福当选。麦克阿瑟知道他的共和党朋友下台了，新的一批政客却把他看成了军火商的走狗。他身为参谋总长，不得不参加一些白宫仪式或宴会，多少得敷衍一下，他很快通过接见行列，向罗斯福夫人致意后，就立刻告退，回到了自己的办公室。他对国会议员非常和善，谦恭有礼。

罗斯福总统和麦克阿瑟都是有修养的人，麦克阿瑟曾表示："无论我们间有任何距离，我对他的私人友谊，绝不会发生影响。"但是他在面对总统的时候，处处觉得受到挫折。有人曾经说过，罗斯福总统和麦克阿瑟将军有许多相似之处。两人都爱国，是真正的贵族，一直活跃在政治舞台上。两人都深受野心勃勃而长寿的母亲所支配，外表都很神气。他们最大的不同之处就是他们的政治观点，罗斯福憧憬于自由主义的幻想，麦克阿瑟则比较保守且没有反动的色彩。

有一次麦克阿瑟在白宫与罗斯福总统共进晚餐时，他忍不住发问："总统为什么老是问我有关社会改革的意见，而不注意我在军事上的意见？"

罗斯福回答："道格拉斯，不要提出这些问题作为你的忠告，只可作为你的反应。对我来说，你是美国人民良知的象征。"

麦克阿瑟后来对人说："他就是这样先发制人。"

预算局为了弥补政府财政赤字，便大量缩紧了陆军经费，陆军部长乔治请求总统举行一次会议，麦克阿瑟也出席讨论。罗斯福坚持原议，麦克阿瑟情绪激动，愤怒地说："当我们下次战争失败，一个美国兵被敌人一只脚踩着喉头，用利刃刺入他的肚皮时，他最后骂出的诅咒的话，我希望他骂的那个人不是麦克阿瑟而是罗斯福。"

罗斯福总统顿时面色铁青，喝道："你不应该这样对总统讲话。"

麦克阿瑟立即向他道歉，同时也觉得自己的军人前途已无希望，转身离开时，他向总统说他会引咎辞职的。

他走到门口时，罗斯福冷静地说："别傻了，道格拉斯，你和预算局必须开一次会议讨论此事。"在外面，部长高兴地对他说："你救了陆军。"

对于军事，麦克阿瑟深谋远虑，经常计划如何应付未来的战事，他眼光准确，料事如神。他预言未来的"总体战"，是以坦克、飞机和潜水艇为"断然武器"，他报告陆军部长："未来的大战一定是策略重于行动！如果不能控制领空，一定会惨败，海、陆军必须有空军掩护，方可取胜。"

1934年，麦克阿瑟四年任期届满，他希望能在秋季辞职。但总统模棱两可，不作决定，各方反应，左右不一。罗斯福最后以没有适当继任人选为由，挽留麦克阿瑟暂时留任，各方均表满意。最后，罗斯福起用马林·克来格少将继麦克阿瑟为参谋总长，并授麦克阿瑟第二枚殊勋勋章。

总督菲律宾

因为日本的侵华，远东形势不稳，美国通过立法允许菲律宾在1946年独立，美国驻菲律宾总督将成高级专员。麦克阿瑟卸任参谋总长后，罗斯福总统有意派他为驻菲律宾高级专员，然而必须先辞去现职，但是现任总督力争连任，所以改派麦克阿瑟为奎松的军事顾问。

此时麦克阿瑟的母亲已84岁，年迈多病，麦克阿瑟不愿离母远行，母亲表示愿意随往马尼拉，于是在1935年10月同他一起乘"哈定总统号"邮轮前往菲律宾，艾森豪威尔和詹姆斯·奥德随行。

在航程中，麦克阿瑟邂逅了一位女士，琼·费尔克洛思。她娇小玲珑，活泼美丽，淡褐色的眼睛，她的祖父在内战时对抗过阿瑟·麦克阿瑟。琼酷爱军人，本打算到上海游玩，因与麦克阿瑟一见如故，决定随往马尼拉。

经香港时，麦克阿瑟母亲的病况加剧，抵达马尼拉不久后便与世长辞了。麦克阿瑟很难过，好几个月都精神颓废。但是费尔克洛思小姐的温情和照顾让他慢慢好过来了。

麦克阿瑟的住处有两个阳台，可以俯瞰全市及马尼拉湾，他最喜欢的是餐厅外面的阳台，在那里可以望见巴丹、科雷吉多尔。他最喜欢在傍晚时分，穿着蓝色镶金边的西点睡袍，挥动着一根棍子，在阳台上走来走去，凝望着清澈的海水、多姿多彩的日落景色、绿色的原野和茅草屋顶的乡舍。

麦克阿瑟喜欢踱步，如果访客说话超过一分钟，他就忍不住要站起来在屋里来回踱步，一边聆听来客说话，一边移动桌面上的东西。他讲话的时候，大家都屏息聆听鸦雀无声。

1936年，他时常和费尔克洛思小姐一起参加社交活动，每星期有六个晚上同看电影，风雨无阻。麦克阿瑟计划把菲律宾变成太平洋上的瑞士，完全中立。他建立了一支舰队，由50艘20米长的巡逻水雷艇组成，操作的水手对周围的海岸线很熟悉，带着水雷往来巡逻，这对较大的船艇是很严重的威胁，让蓄意来犯的敌舰不敢迫近。

麦克阿瑟告诉海军上尉赫夫："我要为菲律宾建立一支巡逻水雷艇的海军，如果我筹到了钱，你在10年内能完成几艘？"

赫夫从来没见过水雷艇，不知道如何答复，后来经调查知道可以向英国定购，便立即着手交涉。结果，英国因对抗希特勒而宣战，取消了订单，所以到 1941 年 12 月 7 日的时候，只有三艘完成交货，连同美国的六艘，麦克阿瑟在太平洋战争爆发时，就只有这么几艘舰艇可供使用。

麦克阿瑟的建军计划很周密，但也有两大困难，一是金钱，二是时间，使他功亏一篑，未能在战争来临前完成计划。

1937 年初，麦克阿瑟陪同奎松访美，琼·费尔克洛思也自行回国，返回故乡田纳西州访问亲友，然后又到纽约见麦克阿瑟，两人便在纽约举行了简单的婚礼，蜜月后搭乘"柯立芝总统号"邮轮返回马尼拉。此时，"七七事变"爆发，中国人民的抗日战争在卢沟桥揭幕。

温馨的家庭生活

麦克阿瑟伉俪回到马尼拉后，就在旅社屋顶寓所招待宾客，这是他们在菲律宾的最后一次主要社交活动。就像往常一样，他们晚上大多去看电影，有时在书房看书。麦克阿瑟的生活很简单，饮食起居都很规律，虽然工作很忙，但身体健壮，从不生病，顶多偶尔会得个小感冒。

麦克阿瑟和琼的感情很好，他常担心琼因生活太过平淡而无聊，他曾说："这么多年来她竟然能够忍受我的怪癖和奇想，真让我难以了解。"但是琼从未厌倦，每天早晨，她就像其他军眷一样参加当地的军眷活动。他们的社交生活中，

菲律宾风光

美国人很少，他们都是和一些菲律宾的名流来往。

1938年2月21日，琼为麦克阿瑟生了一个儿子，起名阿瑟第四。麦克阿瑟晚年得子，其快乐难以言状。他们为孩子雇了一名广东阿妈亚珠做保姆，琼看了许多关于育儿的书，并教导亚珠如何养育孩子。一天晚上，孩子哭个不停，琼按照书上所写吩咐亚珠："让他哭，没人理他，他就会停了。"

十分钟后，麦克阿瑟推门进来，他说："怎么回事？两个大女人坐着不动，让孩子哭个不停。"他就把孩子抱起来，一直哄到孩子停止哭泣，第二天琼就把育儿书丢到一边去了。

慢慢地，孩子会走路了，也会说话了。每天早上7点半，他就会抱着心爱的玩具来到爸爸的房间，麦克阿瑟就立即下床，绕床跑步，孩子跟着数："砰……砰……砰。"跑了几圈停下来，孩子用小手挡着眼睛，麦克阿瑟就给他一块糖、一盒蜡笔或是一本图画书。有了儿子，麦克阿瑟的性情变得轻松了，不像以前那么严肃。

太平洋上的传奇

离开菲律宾

1937 年 9 月，麦克阿瑟给陆军参谋总长写信，以避免阻碍年轻干部升迁为由提出辞职，并说明伟大的罗斯福总统既然能阻止战争发生，那他已无用武之地。罗斯福总统立即接受，并赞扬麦克阿瑟一生为美国历史记下了光荣的一章。

麦克阿瑟请辞的真正原因是想要留在菲律宾。陆军参谋长马林·克来格曾通知他返国服务，但是他因为热爱菲律宾，不愿返国，所以决心提出辞呈。

麦克阿瑟辞职后，奎松的态度也渐渐改变。起初奎松看见中国整军，逐渐强盛，也希望仰仗麦克阿瑟协助建军，但麦克阿瑟受到国内牵制，没有完成建军计划。日本对中国的侵略势力日益膨胀，奎松便只身访日，想委曲求全，回国后，便向美国提出提前独立的要求。美国当然不会答应，奎松就放弃了建军，企图中立，并发表菲律宾无法防守的论调。对此麦克阿瑟很震惊，请求接见，但是被拒绝了。

麦克阿瑟失望之余，给朋友写了封信，说："历史上战争的失败，可以归结为两个字：太迟。太迟了解敌人的目的；

太迟认识到致命的危险；太迟作适当的准备；太迟联合一切可能抵抗的力量；太迟与朋友站在一起。"

1938 年麦克阿瑟曾派艾森豪威尔回国鼓动支持菲律宾，但艾森豪威尔在华盛顿发现，他们都表示不同情，因为菲律宾一心想提前独立，陆军部坚持说菲律宾一定是能够照顾自己了。同时，美国陆军部的力量也不够，欧洲战事正吃紧，租借法案对英国比对菲律宾重要得多。

1940 年，日本与德国、意大利签订了三国盟约，加入轴心国，互相呼应援助，声势浩大。

麦克阿瑟虽力争保护菲律宾，竭力要求华盛顿供应武器和飞机，但华盛顿始终以欧洲为重，无意与日本发生战争。而且西方联盟也主张先解决德国和意大利，最后再收拾日本，所以决定放弃菲律宾。

事态越来越严重，日本派军登陆印度，并准备占领泰国，此时，美国对日禁运，英国、荷兰同时也宣布禁运，但是日本蠢蠢欲动。罗斯福总统命令麦克阿瑟任远东军总司令，尽快部署菲律宾防务，奎松也向美国广播，追随美国，并肩作战。

在马尼拉，麦克阿瑟忙着准备：训练军队、海滩设防、布置障碍物、架设炮位。他每天都向华盛顿要求支援，企图作最后奋斗。麦克阿瑟唯一松弛的时刻就是收听广播。每天午夜的时候，他和新上任的参谋长理查德·萨瑟兰聆听消息后，一起讨论，来回踱步发号施令。

马尼拉和华盛顿一样，都在推测日本的意向，电报往返，交换意见。马歇尔认为日本不敢进犯菲律宾，但多数人不同意他的看法，罗斯福总统、国务卿科戴尔·赫尔和陆军部长史汀生都相信日本一定会进犯菲律宾。史汀生估计在 1942年 1 月，麦克阿瑟的参谋魏劳柏猜测在 6 月，麦克阿瑟认为在 4 月雨季后。

　　从 7 月到 12 月初开始部署以来，美国的正规军增加了6000 多名，以训练菲律宾军队，其中只有一半在吕宋，其余的散居在其他各岛，而且没有运输交通工具。海军的军力只有巡洋舰 3 艘、驱逐舰 13 艘、潜水艇 18 艘、巡逻水雷艇6 艘，如此而已。10 月底，陆军部宣布要用新式飞机替代菲律宾现有的旧式飞机，但因缺乏零件，直到 12 月 7 日，才抵达了菲律宾，迎头赶上了与日本零式飞机的拼斗。

　　1941 年，日本的山本大将计划袭击珍珠港，因为美国有大小战舰 94 艘，包含战斗舰 8 艘碇泊该港。而美国的陆海军都没有想到日本胆敢侵袭珍珠港，因此没作丝毫准备。马歇尔只觉得巴拿马运河比较危险；D. 克莱登·詹姆斯竟认为日本飞机的轰炸航距，从台湾起飞只能抵达菲律宾。

　　1941 年 12 月 7 日星期日，在夏威夷是 12 月 6 日黎明时分，天气晴朗，下午有行踪不明的飞机在克拉克机场上空出现。当天下午罗斯福总统曾以私人名义向日本天皇呼吁和平，但情况似乎并不乐观。马歇尔在华盛顿接到截获的密码，得知日本使节将在几小时内向国务卿赫尔提出最后通牒，东京命令外交人员毁灭了电报密码，马歇尔立刻通知麦克阿瑟及夏威夷陆军司令部。由于通信故障，夏威夷陆军司令部没有及时收到电报。

12月7日上午8点，在夏威夷珍珠港上空，几百架日本飞机施展了它们的威力，使得美国驻军措手不及。事实上，日本给美国的最后通牒，在华盛顿时间下午2点20分送到了国务院，这是在空袭珍珠港事件发生后两小时。这种不宣而战、偷袭的卑鄙手段，使美国全国震怒。

麦克阿瑟接到消息，也呆住了。美国军方不敢相信日本会如此猖狂，但残酷的血腥事实，不由得他们不相信。

麦克阿瑟一方面明白己方实力不足，一方面受奎松中立菲律宾的影响，还顾虑到菲律宾全民的生死存亡，因此踌躇而未能当机立断迅速发令应对，致使部下未能及时行动，使得地面上的飞机全部损失，任由日机攻击，无法招架。日本在同一时刻，在香港、新加坡、马来西亚、印尼发动攻势，致使联军方面，英国、荷兰都同样措手不及，丧失了舰队，全部殖民地易手，宝贵的资源都落在了日本手中。

下午1点37分，日机全部离去，克拉克机场面目全非，飞机仅剩残骸，浓烟直冲云霄。远在马尼拉的琼·麦克阿瑟和他们3岁的儿子阿瑟在阳台上看得目瞪口呆。星期三母子两人又目击80架日本轰炸机和52架零式战斗机破坏卡维地的菲律宾海军基地。日机遍炸了菲律宾的每个角落，而美国空军只能作象征式的抵抗，丝毫无济于事。

麦克阿瑟一向主张保卫菲律宾，在此存亡关头，更是不断向华盛顿方面争取支援，他强调菲律宾的地位重要，是胜利与失败的焦点，但华盛顿海军部经多方考虑，最终决定放弃菲律宾。

日本的势力在太平洋迅速扩张，英、美决定在澳洲设立联军总部，指挥太平洋战斗。麦克阿瑟感觉到一定要把苏联拖入太平洋战争，才有希望挫败日本，因此建议华盛顿不要丧失这个抵制日本的"黄金时机"。罗斯福及马歇尔都觉得这是一良计，然后便与莫斯科筹商大计，但是斯大林反应冷淡，只说以后会再议论。

不久后，日军准备攻占马尼拉，麦克阿瑟想到菲军缺乏训练，难以持久，便宣布马尼拉为不设防城市，期望它不要遭受轰炸围攻，他又布置撤退，预计退到巴丹半岛，坚守科雷吉多尔。

在日军的攻击下撤退，必须配合时间，准确计算。后来他曾写道："这些战略，时常会一再使用：固守、战斗、后退、爆炸。它们野蛮而血腥，但是可以争取时间。"

乔纳森·温莱特和乔治·琼斯是麦克阿瑟两个最得力的部属，受命执行这项艰巨的任务。温莱特担任后卫，拖延日军的攻击，使琼斯得以安全撤退。最后，部队再把全部桥梁炸毁，15000 名美军、65000 名菲军和 26000 名难民，退到了巴丹。

撤退后最严重的问题，不是敌人而是粮食。麦克阿瑟决定实施配给制，每人每天 2000 卡路里，等于 30 盎司食物，后来又减到 12 盎司。

撤退的计划决定后，麦克阿瑟于 12 月 12 日首先通知了奎松，请他准备随时撤退。奎松抗议，表示要与马尼拉共存亡，麦克阿瑟坚决劝他不要留下，认为他留在马尼拉，反而会成为日本人宣传胜利的工具。

当时已接近圣诞佳节，美军将领不敢泄露撤退计划，伪称在为庆祝圣诞作准备。

1941 年 12 月 22 日，日军登陆林加延湾，威克岛陷落，局势十分紧张。麦克阿瑟忽然想起自己还没有给琼购买圣诞礼物，于是便请赫夫代他张罗，赫夫答应代办，当时有 4 万日军已经向马尼拉推进，而赫夫还在百货公司替麦克阿瑟购买女装衬衣。

琼已经给阿瑟准备好了一棵圣诞树，壁橱里塞满了阿瑟的礼物，包括一架新的三轮脚踏车。那天晚上，他们提前庆祝圣诞，小阿瑟高兴地玩他的新玩具，琼拆开麦克阿瑟的礼物，高兴地叫起来，向丈夫致谢。

这几天，琼心事重重，虽然不说话，但情绪很紧张，他们在等待末日的来临。果然，圣诞前夕，马尼拉陷落了，当天下午，萨瑟兰通知人们在四小时内撤离，每人除了带武器外，只可携铺盖或手提箱一个。麦克阿瑟吩咐赫夫，带上琼母子和亚珠，向科雷吉多尔出发。

琼跟其他人一样，思索着到底该带些什么东西走，她只拿了一件度蜜月时穿的皮领上装和几件换洗衣服，一个装首饰的盒子和洗漱用品。箱子的空隙塞满了阿瑟的衣服和食物，她还带走了桌上麦克阿瑟与父母和祖父的照片。她看到玻璃橱中麦克阿瑟的勋章，又塞在包中一起带走。赫夫拿了阿瑟的新三轮脚踏车，亚珠抱了阿瑟的"老朋友"玩具兔。最后，琼看见钢琴上放着日本天皇的祖父和麦克阿瑟父亲的合照，她就拿来放在正对门口的桌子上。她希望日本兵看到这个后，或许会对他们的家尊重一些，然后回头带着儿子走了。

　　麦克阿瑟带了家人在码头与奎松一家及其他随行人员会合，一起登上了来往各岛国的小轮前往科雷吉多尔。麦克阿瑟最后上船，卡车运来了一批政府库存的金银，被陆续搬运上船，然后起航。小阿瑟在甲板上玩得累了，拖着妈妈嚷着要回家。

　　他们在黑暗中到达了科雷吉多尔，回首眺望，仍能看见卡维地海军基地的火炮。科雷吉多尔的防御工事做得很周全，周围30公里的海岸线布满了铁丝网，防卫海岸的大炮也都布列就绪，水泥壕沟、电网地雷也都挖掘埋设好了，坦克陷阵也已掩蔽布置，虽然一切齐备，但都因陋就简，根本禁不起敌人的炮火，恐怕很难持久。

　　来这里的人们都住进了地下隧道，只有麦克阿瑟住不惯地下，坚持要住在顶上，尽管他知道在地上目标明确，难避敌机轰炸，但他仍不以为然。琼没有发表意见，只是陪他冒险住下，后来琼曾告诉友人："感觉在科雷吉多尔的日子是战时最漫长的一段，在那里的三个月比在澳洲的三年还长。"

日军进入马尼拉后，发现麦克阿瑟已不在，并得知他们避往科雷吉多尔，第二早晨，就有 18 架轰炸机轰炸科雷吉多尔。琼与其他人都进入防空洞，麦克阿瑟则屹立在树丛后，遥观日机肆虐。

炸弹直中小屋的卧室，弹片四散，一位勤务兵正要把自己戴的钢盔给麦克阿瑟戴上，另一个弹片击中了钢盔，使勤务兵的手臂受了伤。

轰炸历时 3 小时 57 分之久，敌机离开后，琼急忙跑出防空洞观察，她看见麦克阿瑟正在为勤务兵包扎伤口。随后麦克阿瑟去隧道探望奎松，奎松也正为麦克阿瑟的安全焦虑，见到他后大感欣慰。麦克阿瑟告诉奎松："日本鬼子还没有制成刻着我名字的炸弹。"接着又说，"我知道你的好意，我是可以不冒这个危险，但是，有时候，一个司令必须冒险示范，好让部下知道他能做得到，部下也该做得到。"

地面上的建筑物全都被夷为了平地，麦克阿瑟只好搬到下层的木屋中居住。敌机来炸时，琼带着阿瑟和亚珠进隧道暂避，麦克阿瑟拒绝躲避。琼一方面要照顾儿子的安全，却又不忍把麦克阿瑟一人丢在外面，于是警报响时，勤务便送三人往防空洞躲避，一分半钟就能到达，然后琼一人回来，陪在麦克阿瑟左右。

来到科雷吉多尔八个星期，麦克阿瑟的体重减轻了 11 公斤，没有人能睡得好。最辛苦的是奎松，他咳得厉害，放弃了抽雪茄，把雪茄送给麦克阿瑟吸。

在科雷吉多尔时有一段回忆最生动，那就是奎松总统和他的副总统的连任就职典礼。他们在隧道口搭了一个临时木台，奎松和麦克阿瑟坐在上面，下午4点半，风琴奏出《元首万岁》的曲子，奎松宣誓就职并向众人致辞，声音尖锐，显得很兴奋，时时夹着咳嗽，最

二战时的麦克阿瑟

后，他转向麦克阿瑟："你为保卫我们的国家和人民的安全而献身，我们无法用语言来表达菲律宾人民和我个人对你的感谢。"

麦克阿瑟的答词，低沉而严肃："历史上从来没有过像这样庄严而有意义的就职典礼。一幕象征民主过程的行动，在突然而残酷的战争背景中举行，死亡和毁灭的吼声从天而降，远近可闻，我们能听到我们的战士在前线战斗的呼号，空气中到处是炸弹爆炸时沉重的回声，这就是这个新政府新国家的诞生地。透过这些，艰苦的烦闷……在死亡谷的阴影中坚持着，啊！仁爱的上帝，请保佑这伟大的民族吧！"说完这话，他转过脸去，热泪满颊。

还有一个令人高兴的盛会，就是阿瑟的4岁生日。伊莉莎贝丝为他做了一个生日蛋糕，琼在被炸了两次的军中商店找到了一辆玩具机车和一个蝇拍，作为父亲送他的生日礼物。

赫夫注意到小阿瑟喜欢学他父亲拿铅笔当香烟抽，就用纸板给他做了一个烟嘴。最好的礼物是亚珠送的，亚珠在岛上认识了一个中国裁缝，就央求他给阿瑟做了一顶仿制的军人便帽，阿瑟一见就十分喜欢。

西南太平洋盟军统帅

麦克阿瑟苦守科雷吉多尔，等待华盛顿的支援，但华盛顿当局却一再敷衍搪塞，拖延时日。最后奎松怒了，他给罗斯福发了一通严正而直率的电报，要求立刻独立并宣布菲律宾为中立地区。该电报让华盛顿大吃一惊，罗斯福当然不会同意，他一方面授权麦克阿瑟向日本投降，一方面安排潜水艇护送奎松及麦克阿瑟等前往澳洲。

麦克阿瑟不肯向日军投降，也不愿去澳洲，他宁愿与巴丹共存亡。

奎松一家离开时，琼与阿瑟本可以同往，但是琼坚持留下，希望一家三口能生死与共。

马歇尔感觉盟军中唯一能与日本相抗的将领就是麦克阿瑟，所以不想眼看着他为了一个小岛而牺牲，便诱使他到棉兰老岛部署反攻。麦克阿瑟正奉命转棉兰老岛策划，不久后华盛顿又任命他为西南太平洋盟军统帅，并立刻赶赴澳洲到任。

麦克阿瑟不想抛弃自己的部属，想推掉任命，但是幕僚都认为到澳洲后，才会有拯救菲律宾的机会，麦克阿瑟又借故拖延了行期。歇尔催促说澳洲的情势紧急，必须及早赶到。麦克阿瑟终于在 1942 年 3 月 11 日偕同随员和眷属乘巴尔克利的 PT—41 号鱼雷快艇从科雷吉多尔港离开，然后又转乘轰炸机去澳洲。

抵达澳洲后，新闻记者要求他发表谈话，麦克阿瑟说："美国总统命令我突破日军阵线，从科雷吉多尔来到澳洲，筹划美军对日攻势，但是主要目的还是解救菲律宾。现在我出来了，但是我还要回去。"

"我还要回去"这句话，是对菲律宾人的一种力大无比的承诺。

麦克阿瑟到达澳洲后，察觉盟军并没有把解救菲律宾当作紧急事务，才知道自己上了华盛顿当局的当。但他无计可施，只能愤愤于怀，因为他知道自己是军人，军人的天职就是服从，国家命令他保卫澳洲，他就必须以此为第一要务。

1942 年 4 月 18 日，麦克阿瑟才被正式任命为西南太平洋区统帅，尼米兹则担任南太平洋区的指挥官。原来西南太平洋区与南太平洋区是以东经 160 度为界线，后来改为 159度，因为瓜达尔卡纳尔岛是海军陆战队防区，需要划入南太平洋区的海军地盘内。因为海、陆军的分歧还有人事上的阻碍，麦克阿瑟没有获得充足的补给。

澳洲的处境与菲律宾类似，他们担心联军以欧洲为重，最终会放弃澳洲。盟军委派麦克阿瑟做西南太平洋区的统帅，等于给了澳洲人一颗定心丸，使他们安定下来。所以澳洲人对麦克阿瑟崇仰备至，对麦克阿瑟的任何需求，澳洲政府都言听计从，这使麦克阿瑟做起事来得心应手，英名飞扬于澳洲。

1942 年 4 月，麦克阿瑟听从巴丹逃出来的人报告说，巴丹投降了。麦克阿瑟也知道这是不可避免的下场，但是听到投降的消息，他仍感犹如晴天霹雳，让他耿耿于怀。

麦克阿瑟在前线

5 月间，传来科雷吉多尔武装部队全体投降的消息，这让麦克阿瑟布置在菲律宾的游击活动全部被消灭，这个打击让他寝食难安。后来又传来"向死亡进军"的消息以及发生在俘虏营内令人发指的残酷暴行，他发誓一定要报这个仇。

整个菲律宾都被日本占领了，他们要抽调军队进攻澳洲和夏威夷了，德国在欧、非两洲也获得了胜利，德、日很有可能在印度会师。此时，日本开始向新几内亚进军，澳洲失败主义论者打算放弃西北部，实行焦土政策，破坏军事设施，炸毁发电厂，焚烧码头。麦克阿瑟坚决不同意，并将统帅司令部从墨尔本转移到更接近日军前线的布里斯班。

8月上旬，日军登陆米尔恩湾，麦克阿瑟早已作好准备，设伏诱敌，然后迎头痛击，日军狼狈逃逸。这是日军的两栖部队在战争中建立滩头阵地后首次向后撤退。

日军不顾一切，甘冒艰险，向新几内亚丘陵上的丛林进军。他们披荆斩棘，前仆后继，与丛林里的野生植物形成了一片绿海，日军部队里有穿着草绿军装的日军，有手上涂着黄绿色发光的微生物以便于晚间查看地图的日本军官。

麦克阿瑟接到日军行踪的情报后，在布里斯班司令部来回踱步，沉思对策，不一会儿，他停下脚步，带着颤音对部下低声说道："我们要在新几内亚保卫澳洲。"他立刻召开记者会议发表不公开消息，作为日后正式发布消息的背景。

下面是记者会议的速写：

麦克阿瑟进入会议室时，30多名记者和军官起立致敬。

麦克阿瑟没戴帽子，表情严肃地举起右臂回礼。

麦克阿瑟没有自我介绍，习惯性地往返踱步，立刻开始讲述军事形势。他措辞雅正，说话清晰连贯，偶尔略作停顿，加重了戏剧化气氛。

记者都在专心笔记，没人打岔，会议室成了戏台，

麦克阿瑟是演员，其他军官是他的班底，记者们成了
观众，这是一个戏剧化的场面。

麦克阿瑟将军让记者们迷惑了两个钟头，连续不断地讲
话，不假思索。他告诉人们澳洲要得救，一定得在新几内亚。
他还说："我们一定要攻击、攻击、攻击！"

会议结束后，将军们举起右臂行礼离去，军官们随着退
出，整个会议中只有一个人讲话——最高统帅，没人发问，
也没机会澄清词意——消息从麦克阿瑟的口中说出，当然没
有问题。

指挥麦克阿瑟地面部队的澳洲将领是少数不相信日军会
把盟军赶出新几内亚的军官之一，麦克阿瑟的僚属，也大为
震惊。他们没想过麦克阿瑟会作这种决定，也正是因为他们
不可能想到，他才作此决定的。如果他们都不会想到，日本
人也不会想到，事实正如他所料，日本人措手不及。

战后一个东南亚舰队的日军高级军官说："日本人没想
到麦克阿瑟会在新几内亚立足，并在那里保卫澳洲，也没
想到他会利用新几内亚作为反攻基地。日本人觉得麦克阿
瑟不可能在莫尔斯比港立足，因为他没有足够的军力在那里
维持下去。"

麦克阿瑟的军力确实薄弱，但他确信日军只要在澳洲建
立一个滩头阵地，那整个澳洲就完蛋了，一支敢穿越丛林密
布的丘陵的敌军，一定会很快横扫平原的。当时麦克阿瑟缺

少后备军包围日军，他后来也说："丛林跟日军一样坚强而难缠。"

麦克阿瑟以为，与其坐等打一场没有军队可调的战争，倒不如在新几内亚迎头赶上一场血拼。同时，他也想到瓜达尔卡纳尔，他相信在新几内亚的战争，能解除该岛的一些压力。事实上，根据战后调查发现，麦克阿瑟一开始攻击，日军就决定先取瓜达尔卡纳尔，等海军陆战队被击退后，攻陷莫尔斯比港的计划就延期了。

无论怎样，麦克阿瑟的推测是勇敢而机智的，这项计划不但救了澳洲，也使盟军以攻为守，取得了战略优势。

乔治·丘吉尔·肯尼被调到西太平洋区担任空军指挥官，他精明干练，麦克阿瑟很信任他，空军方面因为他的努力也屡建奇功。陆军进驻莫尔斯比港，日军粮食缺乏，被迫后退。

1942 年 11 月 6 日，麦克阿瑟把前进基地移到了莫尔斯比港，他本人不辞辛劳地在布里斯班和新几内亚之间来往。

麦克阿瑟刚到澳洲的时候，澳洲的新闻记者竭力避免在新闻中提到他的名字，以免敌人知道了他的行踪，有关麦克阿瑟的新闻，都用大写"他"字代替，这等于把他神化了，与称呼上帝一样，麦克阿瑟自己也很喜欢这一套。

麦克阿瑟的声望更大了，大家都很钦佩他的勇敢和大胆。国内正值改选总统的时候，共和党想利用麦克阿瑟的声望打击民主党，让罗斯福总统很头痛。

麦克阿瑟对白宫宝座，也很有兴趣，但没艾森豪威尔那样热衷。芝加哥已经有人计划征召麦克阿瑟为竞选人，据《财富》杂志所作的民意测验显示，麦克阿瑟的号召力占57.3%，几乎等于当时另两位知名人士之和。但在布里斯班，比较接近麦克阿瑟的人士向记者透露，麦克阿瑟没有政治野心，他只希望日后历史上记载他是菲律宾的解放者，那比美国总统更令人怀念。

麦克阿瑟顺利冲过日本封锁线的消息传到了美国，美国人都为之惊喜。罗斯福总统表示对麦克阿瑟十分钦佩，说他是一位军事天才，在危急时刻，创造出了奇迹。

在那个年头，抨击麦克阿瑟，就等于政治自杀。虽然想竞选总统的威尔基会受到支持麦克阿瑟的人的打击，但他还是请麦克阿瑟回来，指挥全国军队。

国会图书馆书目列入253本有关麦克阿瑟的参考书，那是一项极大的光荣，在世的人从未有过——即使贵为总统。

罗斯福指定海军上将金为他的主要军事顾问时，《时代》杂志说，威尔基的人选，或许是全国人民的人选，将会是麦克阿瑟。

苏联报纸刊载头条新闻赞扬麦克阿瑟。

墨尔本的报纸也全版封面刊登麦克阿瑟的照片，题为"此刻的巨人"。

《纽约太阳报》驻伦敦记者报道："自电影明星瓦伦丁诺以来，伦敦人从没有对任何人有过像对麦克阿瑟的'风采和人格'那样的反应。"

英国报纸把麦克阿瑟比作纳尔逊（霍雷肖·纳尔逊，1758～1805，是英国的海军上将，被誉为"英国皇家海军之魂"）和德瑞克（英国的探险家、著名海盗，据知他是继麦哲伦之后第二位完成环球航海的探险家）。

麦克阿瑟的生活很有规律，并严于律己，不苟言笑。琼则完全忘了自我，把全部精神集中在丈夫和儿子的身上，她知道丈夫是一个孤寂的人，需要她的爱来帮助，使他舒适和快乐。

麦克阿瑟对儿子很溺爱，他因为儿子在巴丹得不到玩具，过了一段艰苦的岁月，现在更加宠他，每天都送他一份礼物，有时还送相同的两份，让他给自己的玩伴一份。

有天晚上，麦克阿瑟看着自己的儿子上床后，为他写了一篇祈祷词，这篇著名的祈祷词是这样的：

主啊！求你培育我的儿子，让他成为一个坚强的人，知道自己的弱点。成为勇敢的人，能够面对畏怯时的自己，败不馁，胜不骄。

请培育我的儿子，让他用行动去实现愿望，能认识主，并明白自知是知识的基础。

我祈祷，请不要引领他步入平安舒适的道路。要让他经历困难和挑战的磨炼与策励，让他在暴风雨中站起来，让他学习同情失败者。

培育我的儿子，让他心地清澈，目标崇高，在他想要驾驭别人之前，先驾驭自己。要高瞻远瞩，但不能忘记过去。

等他学会了这些，我再祈祷，让他有幽默感，这样他虽然可能永远严肃，但绝不会自命非凡；教他谦虚，让他永远记得真正伟大的淳朴，真正智慧的虚怀若谷，真正力量的谦冲。

然后，作为他的父亲，我能够放心地低声自语："我已不虚此生！"

盟军击退敌军后，防线向前推进到新几内亚，麦克阿瑟为便于指挥，也随军进驻莫尔斯比港。他独自住在一栋有阳台的平房里，屋子简陋但很舒适，屋前有小花园，麦克阿瑟在此踱步，怡然自得，把这所屋子称为"巴丹"，表示不忘"我还要回去"的诺言。

声名远扬

一次，丘吉尔表示："战争是残酷而光荣的，现在却变成残酷而卑鄙。"但对麦克阿瑟来说，战争永远是光荣而神圣的。

在新几内亚，新闻记者对他的报道各种各样：

《生活》杂志说到他独白式的谈话：

能够不用思索词句地讲几个小时。

《时代》杂志的报道更加深了人们的这种印象：

> 他不是一个普通人，简直是超人，一位冷静的战
> 略家，而且是一个善于辩论的人物。他自信又谦恭有
> 礼，非常谨慎，对不公正的批评有职业性的敏感。

《矿工杂志》的记者认为：

> 麦克阿瑟简直是一个天才演员。他著名的战帽，
> 上面沾着鸡蛋黄，夸大的公报，小心谨慎地注意着他
> 的服装，这分明是一种自认为是命运宠儿的表现，是
> 喜欢出风头，愤世嫉俗的人所具备的特质。

日军在新几内亚节节败退，运补舰队在俾斯麦海被麦克
阿瑟的轰炸击沉，从此侵澳的日军补给困难，失败已成定局。

麦克阿瑟利用"三栖作战"，切断了敌军补给，使其在
西南太平洋的势力日益削弱。

1943年4月15日，海军中将威廉·哈尔西飞抵布里斯
班停留了三天，与麦克阿瑟商讨进攻新佐治亚，作为攻取布
干维尔岛的跳板，麦克阿瑟也有此意，所以当即赞同。

他们两人一见如故，十分融洽。麦克阿瑟在回忆录中颂

扬哈尔西"坦诚直率，精力充沛，是伟大的海军人才之一"。哈尔西也认为麦克阿瑟爽直健壮，他们在战区指挥联系工作上合作很愉快。

9月，美军初次使用降落伞部队协助盟军作战，肯尼在前晚告诉麦克阿瑟，他决定随同前往，麦克阿瑟也想同行，肯尼很惊讶，忙说："统帅怎么能如此冒险呢？"

麦克阿瑟摇摇头，说："我不担心被击中，我担心的是让他们在恶劣的天气中冒险……这是伞兵第一次出击，我与他们在一起，或许能给他们一些安慰和鼓励。"

肯尼后来回忆说："弟兄们排队上机的时候，麦克阿瑟沿队伍步行，偶尔停下来，亲切地跟士兵打招呼，祝他们好运，统帅来看他们跳伞，让他们十分高兴。"

麦帅和肯尼上了第一架B17，起飞不久，一个引擎坏了，机师要飞回基地，麦克阿瑟则要他继续前进，他说他知道B17的性能，三个引擎一样可以顺利飞行。

盟军日夜轰炸拉包尔，破坏一切军事设施，切断了补给线。西南太平洋最令敌人骄傲的堡垒也很快从"资产"变成了重大的负荷。在拉包尔的10万日军，开始挖壕沟等待美军的到来，誓死战斗到最后一人。

军事会议上，许多将领感到忧虑，不知该如何用少于守军的兵力攻取拉包尔。麦克阿瑟沉着地慢慢地说出了他的意见："好，那就不要攻取它，各位，事实上我并不打算攻取它。"他转身向肯尼说，"你去对付他们。"然后，他在平台上大步走着，告诉肯尼，"我们要饿死他们，在这里，'饥饿'也是我们的盟军。"

"避免与敌军正面作战，辗转前进。"他称这是"隔岛跃进"，而这实在是古代战争中典型的包围战略，只是用现代的作战工具改良运用。

再往北就可以进军菲律宾，麦克阿瑟决定在俾斯麦海多争取一个基地，他发现阿德默勒尔蒂群岛最符合他的条件。

1944 年 2 月 27 日，麦克阿瑟弃众人的反对于不顾，搭乘"菲尼克斯号"巡洋舰视察群岛上的洛斯内格罗斯岛。第二天早上，沃尔特·克鲁格中将向他报告，说敌方正在往该岛增兵，麦克阿瑟没有理会，继续前进，并说要随军登陆。克鲁格私下里想："以前他总是不让我随军攻战，今天他自己却要随军登陆。我跟他争论，说他不应该如此暴露自己，他听得很认真还感谢我的关心，但还是坚持'我必须前往'。他一旦下定决心就是这样。"

那天晚上，麦克阿瑟靠着船栏看海，黎明时分，停泊在港口，岸上的敌军发炮轰击。《生活杂志》随军记述：

> 第一排炮从船顶上飞过，第二排炮没有打到，船上的人们都在等待第三排炮，同时四周寻找躲避之处。麦克阿瑟却屹立在船桥，观察情况，与僚属谈论。很幸运的是，日军炮位及时被舰炮击中，六个小时后，在大雨中登陆。战斗很激烈，第一骑兵队的士兵头戴

钢盔、身穿掩护服装俯卧在地，麦克阿瑟穿着战壕雨衣和便帽，非常显眼，他把一枚十字勋章交给率领第一批登陆的队长，尤其令人惊惧的是，他居然迈步前进。副官担心他太暴露，高级军官警告他有危险，麦克阿瑟则一面点燃烟斗，一面挥手熄灭火柴，并解释他需要了解情况。一个少尉拉着他的衣袖说："请原谅，将军，几分钟前我们刚杀了一个袭击的日本兵。"麦克阿瑟点头称好，仍向那个方向前进，还踢到了两个敌军的尸首，体温尚存。他一面继续行进，一面说："这就是我想看到的他们应得的报应。"一个士兵高呼："已近警戒线，将军！"麦克阿瑟礼貌地谢谢他的报告，但脚步仍未停止，看到两个躺在地上受伤的美国大兵，他蹲下去握住他们的手慰问道："孩子，怎样了？"跟着他的人，不仅担心将军的安全，也为自己的安全担心。

最危险的地点是飞机场跑道，肯尼曾向他提起过那儿的重要性，现在，他很后悔曾经告诉过他。麦克阿瑟向跑道走过去，大约800多日军的尸体都睁着眼瞪着他。肯尼回忆说："麦克阿瑟在跑道上来回巡逻，挖了些沙土察看土性如何。"有记者记述："麦克阿瑟黄色的雨衣在后飘扬，烟斗里飘出一缕缕烟，他漫步在湿润的珊瑚土跑道上，横过跑道，远离众人，走完了长长的跑道。"

对此一个看得发呆的士兵后来说："我真不懂，他们怎么不杀了他？"他的军医说："麦克阿瑟一心想要体验火药味及战斗的声音和景象，处在战争中或接近战争会让他受到刺激，也使他的神经组织麻木……但这的确能让他从战斗中体会部属的问题，比坐在司令部中研究地图和战斗报告要好得多。"

两小时后飞机回航，不用撤退让麦克阿瑟觉得很满意，然后便飞回了莫尔斯比港。三天后，在墨尔本获知美军完全控制洛斯内格罗斯岛和马努斯岛，海军将官觉得他很幸运，这个胜利也只是侥幸而已。

盟军的将领都纷纷致电道贺，军史家约翰·米勒记录道："麦克阿瑟始终是一个有信仰、自信和乐观的人，别人看来有问题和困难的地方，麦克阿瑟却能看到好机会，他在洛斯内格罗斯岛的决断，加速了胜利，减少了伤亡，有很大的价值。"

但是战争中也有一个很奇怪的现象，伤亡人数越多的越会被注意，伤亡人数少的就没人会注意，虽然胜利，记住的人也很少，历史上这样的例子很不少。

荷兰蒂亚就是这种情况，麦克阿瑟又一次排除众议，不攻而胜地占领了荷兰蒂亚。一位副官说："麦克阿瑟的行动，避开了人们认为必须经过的中间地带，好像是很简单，事后还觉得很合理，所以没有引起大惊小怪。"

取得荷兰蒂亚后，麦帅向僚属说，这是他心目中的第一站，他跟他们讨论，为什么不再向西跃进大约 200 公里，而继续前进 300 公里到波倍克岛呢？肯尼大喜——他记下了："菲律宾不再像几个月前那么遥远了。"

麦克阿瑟回到莫尔斯比港后，荷兰蒂亚逐渐成为主要基地。当时，麦克阿瑟的部下觉得该为将军准备居所，便为他盖了栋房子，室内的家具、地毯等都是从澳洲运来的，战地记者传言说军中戏称其为"道格的白宫"。就是这些风言风语引起了许多无谓的争论，事实上，麦克阿瑟根本不知道这么回事，并且在那里只住了四天，即使有什么不妥，也应该让他的部属负责。

在荷兰蒂亚时还有一段插曲。一天，麦克阿瑟在营房中向部属面授机宜，部属们围坐成半圆，好像在教室里听课一样。突然他们听到熟悉的零式飞机轰轰而来，除了麦克阿瑟外，大家都匍匐在地。飞机过后，众人才敢抬头，他们看见麦克阿瑟好端端地坐着，伸出两手，手掌向下，好像教皇向信徒祝福，正经地说："还没有呢，各位，还没有呢。"

1944 年 7 月，罗斯福总统由圣地亚哥乘巡洋舰"巴尔的摩号"前往夏威夷，六艘驱逐舰和一队飞机护航。麦克阿瑟也从布利斯班搭乘 B18 直飞夏威夷。麦克阿瑟在飞机的走道里来回踱步，抱怨被召到夏威夷，就只为拍几张政治性照片，而迫使他离开部队，真让他难堪。他说："第一次大战时，我在前线，即使受了毒气伤害，也从没离开团部。"

他此去只带了三个随员，没带文件，因为没有人告诉他要开的会议是什么性质,他也不知道会有些什么人参加会议。他曾经用无线电查询,答复是:"高度机密,无可奉告。"他只知道两个星期前,马歇尔曾通知他要在火奴鲁鲁和"大人物"会晤而已。

麦克阿瑟应该猜得到那个"大人物"是谁,但是在他眼中,还有谁比他自己更大呢?

当时,大家对太平洋方面的军事战略争执不下,各方面对下一步该攻哪里意见不一,麦克阿瑟主张收复菲律宾,海军上将金认为该进攻台湾。马歇尔曾经告诉他,进攻台湾不表示放弃菲律宾,还责怪他不该为个人感情和菲律宾政治情况而影响判断。但是连罗斯福的军事顾问也对这问题有分歧,有人支持麦克阿瑟,有人赞同金的主张。

海陆空军的战区司令都同意麦克阿瑟的看法,马歇尔和亚诺尔特支持金,但各方面都常常变更主意,犹疑不决,所以最后不得不在夏威夷召开会议。

火奴鲁鲁会议前,马歇尔也开始支持麦克阿瑟,亚诺尔特很想取得台湾做 B29 轰炸基地,所以继续支持金。尼米兹犹疑不定,指示幕僚订出各种可行计划,包括进攻日本本土,他又听取哈尔西的意见,哈尔西则主张攻取吕宋,绕过台湾,直取冲绳岛。

四个月前,他们提议 11 月中旬进攻棉兰老岛,现在又觉没必要,直到 1945 年 2 月,才通知麦克阿瑟准备攻取吕宋,尼米兹同时准备登陆台湾。

罗斯福是个有耐性的人，但如此重大的决定不能拖延太久，他决定和太平洋区两个统帅当面解决。他先征求了丘吉尔和斯大林的意见，他们知道美国军方的争执，所以不敢作任何决定。

麦克阿瑟私下对罗伯特·艾克尔伯格说，他觉得罗斯福的动机纯是政治作用。许多人同意麦克阿瑟的想法，连好多史学家也这么认为，但是莫里森持不同意见，他觉得罗斯福是想与太平洋区陆、海军司令交换意见，以达成协议。但大家都认为罗斯福总统在离开圣地亚哥前就已经决定了，他安排这次会议与竞选第四任总统有关，与麦克阿瑟和尼米兹合照比起与国会打交道的照片更有利于拉选票。

罗斯福知道该如何制造大场面，他到达夏威夷后，民众盛大欢迎。50多位高级将领在尼米兹的率领下，登轮谒见总统。但麦克阿瑟更会制造戏剧化的场面，他的飞机虽然早在一个小时前就到达了，他却先去罗伯特中将的家中放下行李，洗了个澡。事实上，行李可以让勤务兵送去，洗澡也可以稍候。但这样做，他就能成为最后上船的将领。

正当罗斯福向尼米兹询问麦克阿瑟的行踪时，码头上驶来了开道警车，警笛大鸣，一辆特长的轿车悠然停止，引来一阵欢呼骚动，麦克阿瑟急步下车，奔上跳板，中途停下，向欢呼的群众挥手致意，然后上前向总统致敬。

罗斯福上岸后坐一辆红色敞篷车，金坐在司机旁，尼米兹在后座，坐在总统和麦克阿瑟中间，一路上总统一直在和麦克阿瑟谈话。

第二天，总统邀麦克阿瑟同车巡视火奴鲁鲁市区，沿途民众热烈欢呼，这种场面在改选总统的时候显得很有意义。麦克阿瑟首先询问总统，11 月中汤姆·杜威有无得胜希望，总统说国事太忙，无暇顾及政治问题，麦克阿瑟向后靠了一下大笑，接着罗斯福也大笑不已，他说，如果大选前把德国打垮，恐怕他就不会再当选连任。接着又说："如果这是我所做的最后一件事，我也要打垮那阿尔巴尼的小子。"

麦克阿瑟说："我在军中对国内的政治情形一无所知，但可以确信，总统绝对是军队中最受敬爱的人。"麦克阿瑟事后说："罗斯福听了好像很高兴。"这一席话也是民主党人乐意听到的，他们对麦克阿瑟的怀疑与顾忌，因此一扫而尽。

当天晚上，罗斯福招待各将领用完晚餐，进入休息室，墙上挂着一幅大地图，总统手拿竹枝指着图，突然问麦克阿瑟："道格拉斯，我们下一步该怎么走？"

麦克阿瑟立即回答："棉兰老岛，总统先生，然后莱特岛，最后吕宋岛。"他和尼米兹在地图前轮流解释和争辩着各自的计划与见解，罗斯福听得十分认真，偶然插入一两个问题或申述一两个理由。

莱希觉得："他很有技巧地引起两个人的讨论，从这一点到另一点，然后再针对两个人意见分歧的地方进行讨论。"他认为总统在一边听，好像完全中立。莱希认为尼米兹有三个弱点：第一，他口才比不上麦克阿瑟；第二，他讲的意见不是自己的，而是金的；第三，他在罗斯福有技巧的询问下，承认马尼拉湾对他有用，除非在菲律宾中南部有海空军基地，进攻台湾的计划才能成功。最后，说着说着，他似乎也同意了麦克阿瑟的意见。

麦克阿瑟最具说服力的地方是：菲律宾人觉得在1942年被出卖了，他没说自己有这感觉，但是罗斯福明白，他们一定不会原谅第二次的出卖，而且，既然已经答应就一定要做到。

菲律宾人把美国视为"母国"，战后亚洲人都期待着新兴的菲律宾共和国，如果他的人民认为他们被出卖了，这对美国的荣誉也将是很大的损失。

最后，罗斯福指出了有关千万美国青年的生死问题，他对麦克阿瑟说："道格拉斯，进攻吕宋所遭受的损失，将是我们所不能忍受的。"

麦克阿瑟竭力解释道："总统先生，我们的损失不会太重，那种正面攻击的时代已经过去了，现代武器十分锐利，正面攻击是庸碌将才所采用的方法，一个优秀的将领是不会造成严重损失的。"他还说明吕宋比台湾重要，因为如果获得了吕宋，美军就能控制1000多公里宽的中国海，日本和他们在南方占领地的供应补给线会被切断。而且美国在菲律宾有基业与声望，菲律宾人会用游击队帮助美军。说到这里，莱希看见尼米兹在点头。吕宋不能被包围，因为它太大了，拉希尔和韦华克可以绕过，因为它们的面积很小。如果想要绕过吕宋，美军两翼将受到敌军基地飞出的飞机的袭击。

麦克阿瑟和罗斯福有 10 分钟时间单独相处，他向总统警告："如果完全放弃菲律宾，怕是美国民众也会起怨恨，从而影响你的选票。"所以，罗斯福回卧室的时候，向医生要了阿司匹林。第二天，大家心中都有了底儿。

麦克阿瑟回到布里斯班，就开始部署反攻菲律宾。

反攻菲律宾

转眼，菲律宾已被日军占领了三年，科雷吉多尔的居民，与往常一样渔耕度日，与外界不相往来，对国家存亡也漠不关心，处在冷淡状态中。但是，麦克阿瑟明了，热情的火焰只要触到希望的星火，就会立刻燃烧起来。菲律宾是他的第二故乡，他对这里的情况甚至比对美国更了解。

绝大多数被征服的菲律宾人民对新主子都漠不关心，但是有两种人例外，那就是游击队和通敌者。地下工作人员差不多都是中等阶级的人民，他们对麦克阿瑟有信心，他们相信失地总会被收复的。

战争初期，科雷吉多尔方面与澳洲方面很少联系，等盟军把荷兰蒂亚攻下后，接触就日趋频繁，每个月有 4000 通无线电讯往来，所以麦克阿瑟对马尼拉的一切动静都了如指掌。他用潜水艇供应游击队武器、技术人员及一切设备，凡是从菲律宾逃出来的人，他都亲自接见。

现在菲律宾人虽被日军统治，但对麦克阿瑟和奎松二人绝对忠诚，奎松在纽约病死后，他们便把全部希望寄托在了麦克阿瑟一人身上。美国大兵嘲笑麦克阿瑟，菲律宾人则绝对尊敬他，卡洛斯·罗米洛曾记述："对我来说，麦克阿瑟代表美国。"

那些通敌的人很复杂，因为他们各自动机不同。有人惧怕日本人；有人不喜欢西方人的统治；有人为了照顾同胞不得已与敌人合作；有人完全为私人利害。

1942年沦陷初期，日本人指派奎松的前秘书佐治·范格斯任委员会主席，主持菲律宾行政。1943年9月以"菲律宾独立共和国"代替委员会，改由何塞·劳威尔主持，向英、美宣战，由日本人训练组织了5000人的军队，在美国大兵进攻的时候，进行防御反抗。参加这支队伍的人大多数是有钱人家的仆役，他们是受他们的主人鼓励而参加的。

劳威尔的傀儡政府中，中等阶级人士参加的很少，主持者大都是战前的高阶层人士——麦克阿瑟的朋友和奎松的僚属，这让麦克阿瑟和奎松很痛心。麦克阿瑟愤怒之余，对这批叛国贼进行攻击和声讨，罗斯福总统也对记者宣布，将要严惩这批通敌叛国的人，让他们永无抬头之日。游击队听闻该消息，很高兴。但难为奎松和奥斯梅纳，因为他们和这批人都是同一个阶级，从小一起长大，并且有姻亲关系，所以便极力为他们开脱，说他们没有选择，是为了解救同胞，才不得不与敌人合作的，情有可原。

　　1944 年 10 月，美军决定反攻菲律宾，威廉·哈尔西的第三舰队和金凯德的第七舰队，同向雷伊泰进攻，金凯德由麦克阿瑟直辖，哈尔西则听命于尼米兹。分别指挥让麦克阿瑟感到棘手，自愿退让，由尼米兹单独指挥。但马歇尔不同意由海军上将担任最高统帅，而且麦克阿瑟是众望所归，阵前不能易将。麦克阿瑟只得勉为其难。1944 年 10 月 16 日，星期一，麦克阿瑟搭乘"纳什维尔"巡洋舰率舰队出发。他已筹划好了反攻计划，战后文生·希恩也认为：

　　　　麦克阿瑟最后的作战计划，大胆而勇敢，比巴顿在欧洲的作战复杂得多，因为麦克阿瑟不仅指挥步兵作战，他还需要调度海、空军配合行动，隔岛跃进，绕避或包围日军。

　　　　计划很周密，战略很诡异，整个战斗都高深莫测。

　　10 月 19 日傍晚，麦克阿瑟带他的幕僚坐在船舱里，为登陆作着最后的准备。麦克阿瑟在他的回忆录中叙述：

　　　　在我们接近雷伊泰湾时，正是一个没有月亮的午夜时分……我知道在这些军舰上，有许多兴奋的官兵站在船栏旁，或是在甲板上走动，他们想从黑暗中远眺目的地……我走进我的船舱，祈祷上帝明日保佑我的每一名士兵。

拂晓，便开始采用炮击，麦克阿瑟偕奥斯梅纳和罗米洛在炮火的掩护下一起登陆。麦克阿瑟很兴奋，对罗米洛说："卡洛斯，我们回家了！"他们在最高的椰子树上，升起了美国国旗和菲律宾国旗，麦克阿瑟在海滩上立刻草拟发给罗斯福总统的报告，而此刻罗斯福总统也来电祝贺麦克阿瑟的成功。

同时，麦克阿瑟开始广播演说：

> 菲律宾的同胞们，我回来了，借万能的上帝的保佑，我们的军队又重新登上了菲律宾的国土——重临了这块我们两国人民以鲜血奉献的神圣国土。在我身旁的就是你们的总统奥斯梅纳，伟大的爱国者奎松的可敬的继承人……贵国政府，现已坚定地重建在了菲律宾的国土之上。你们救国的机会到了……为了你们的家园和生活奋斗吧！为你们神圣的阵亡将士，奋斗吧！

后来，奥斯梅纳和罗米洛也简短地讲了几句，结束了这简单的典礼。

一群菲律宾人大声欢呼。这时一个七八岁的女孩，手拿一个小包走近罗米洛，她说要亲自送给麦克阿瑟一件礼物，罗米洛把她带到了麦克阿瑟面前，麦克阿瑟接了礼物，拆开一看，是送给他的一盒雪茄，还有一个手工编织的手袋，是送给他的夫人琼的。几个星期前，英国蒙哥马利元帅在比利时收到人们送的一柄镶珠宝的军刀，麦克阿瑟对此十分羡慕。现在，他眼中带着兴奋的泪，说："卡洛斯，我觉得这礼物比蒙高马利的军刀更宝贵。"

肯尼要去巡视日军遗留下来的机场情况，麦克阿瑟决定同往，一个流弹打来，麦克阿瑟视若无睹，肯尼对他的冒险很担心，直到返回了巡洋舰，才舒了一口气。

日军发动了争夺雷伊泰之战，麦克阿瑟全力部署应战。日军司令丰田海军上将坐镇台湾，策划如何攻取雷伊泰，他的主力部队由栗田海军中将统领，由7艘战斗舰、13艘重巡洋舰和3艘轻巡洋舰组成的舰队，由新加坡兼程驶向雷伊泰。他把舰队分成了两路，较小的一路由西村中将率领，经苏里高海峡进攻雷伊泰湾；另一路由栗田亲自率领直指圣贝纳迪诺海峡，从两面做钳形攻势。

圣贝纳迪诺海峡本来由哈尔西的第三舰队的主力第三十四特种部队防守，日军发现他实力雄厚，决定采用调虎离山之计，命令大泽中将率领四艘逾龄运输舰及两艘由战斗舰改装的运输舰从日本本土驶向圣贝纳迪诺海峡，佯做攻势。哈尔西正在抱怨防守无事，不甘心待在那里无所作为，发现敌舰来攻怎么肯放过，加上敌舰不堪一击，正好乘胜追击，歼灭敌军。

1944 年 10 月 23 日夜里，两艘美国潜水艇在婆罗洲发现了栗田舰队，第二日早晨，把日方两艘巡洋舰击沉了，并通知哈尔西和金凯德要加倍小心。这时，大泽正在实施调虎离山之计，但是美国的空军却发现了栗田舰队，正在猛烈轰击，终于把敌军的主力舰"武藏号"炸沉海底。哈尔西搜觅敌人踪迹时，正好遇上了大泽用作诱饵的舰队，立刻追击，谁知正好中了敌计，圣贝纳迪诺海峡的门户洞开，栗田便深夜返航，乘虚攻入。

另一路西村舰队趁晚上进入了苏里高海峡，美国海军少将杰西·奥尔登多夫守在峡口，不动声色，等敌舰全部通过后，立即封锁反攻，西村溺毙，全军覆没。

金凯德见西村全军覆没，敌军主力舰及其他船只被炸沉了好多艘，以为敌方的自杀舰队已遭歼灭，哈尔西第三舰队仍在防守圣贝纳迪诺海峡，所以没有派空军去巡逻，等在海峡发现了栗田舰队后，十分震惊，急忙向哈尔西发电求援，但毫无反应，半个小时后，再急电呼救，仍无反应。原来，此时哈尔西远在 500 多公里外，正与大泽相互周旋，紧急关头，忽然出现奇迹，正当栗田舰队在距离目标 60 多公里内瞄准大炮时，金凯德的反潜艇驱逐舰队刚好赶上，向敌舰猛烈攻击，金凯德舰上的飞机全部起飞，加入攻击，敌军误以为航空母舰赶到，陷入混乱，毫无目的地到处开炮猛烈射击，狼狈败退。

这一场大卫和哥利亚之战是海军史上最勇猛的战争。参战军舰总计 282 艘，较 1916 年的吉德兰之役参战军舰 250 艘更多，而吉德兰之役，双方没分出胜负，而这一场却是决定性的战斗。美方损失航空母舰一艘、护航舰两艘和驱逐舰三艘，日方损失航空母舰四艘、主力舰三艘、重巡洋舰六艘、轻巡洋舰三艘和驱逐舰八艘。经此一战，日军便一蹶不振，注定离失败不远了。

事后，大家追究哈尔西擅离圣贝纳迪诺海峡的责任，他成了众矢之的。面对大家的喋喋不休，麦克阿瑟大发雷霆，拍案大喝，说：“够了！不要再难为他了，他在我的心中仍是一位骁勇善战的海军上将。”

在麦克阿瑟的心目中，伟大的军人本色就是忠诚，哈尔西过去对麦克阿瑟一向忠诚，所以现在他也应该对哈尔西忠诚。

一个简单而隆重的仪式，在雷伊泰的塔克洛班举行，奥斯梅纳正式宣誓就任菲律宾总统，麦克阿瑟和奥斯梅纳分别向菲律宾人民广播。然后麦克阿瑟和美军将领便赶回司令部研究战况，策划下一步抵御敌人的策略。

温莱特在奉天战俘营（二战期间日本人设立在中国东北地区的战俘集中营）内，想着麦克阿瑟的成功，用自来墨水笔、自动铅笔甚至手表来交换消息，他听到麦克阿瑟登陆莱特岛的消息后，大感欣慰，他曾记述：“道格拉斯遵守了他重返科雷吉多尔的诺言，他终于回来了。”

雷伊泰海湾战

雷伊泰的战事，拖延了很长时间，因为天气恶劣，地震后，又有三场飓风，而且当时正逢雨季，雷伊泰和邻近的飞机场都是一片泥浆，飞机无法起落。虽然这不是肯尼的责任，但为此肯尼觉得很丢脸，心情沮丧。麦克阿瑟想安慰他，当时麦克阿瑟正在看一本罗伯特·李将军的传记，他便安慰肯尼说："乔治，我刚读到一段十分巧合的事，说杰克逊临终前最后的一句话是：'告诉 A.P. 希尔，好好带领他的步兵。'几年后，罗伯特·李将军临终时，他的遗言是：'希尔，好好带领步兵。'"麦克阿瑟稍作停顿，点起烟斗，吸了几口，继续说，"如果现在，或是明日，或是以后哪一天我临死的时候，你在旁边听到我的遗言，一定是：'乔治，好好带领第五航空大队。'"

一次，纽约时报的两位记者访问塔克洛班司令部。麦克阿瑟提倡发动某种飞机去拦截日本神风机队，肯尼回答说将军一定看得出他的心思，他早已下了命令。一位记者记述当时的情况："麦克阿瑟一面神色得意地转向记者，一面把手按在肯尼头上很高兴地说：'好啦，你们瞧，刚才我怎么说的？'又转向肯尼，'乔治，你真让我高兴。'肯尼就像一个受到老师称赞的学童，站在一边。"

那两名时报记者以获得麦克阿瑟的接待为荣，他们回忆说："他对我们真是太客气了，我想这不是做作，这就是他待人接物的本色。"

萨瑟兰奉命向他们做光复菲律宾的简报，两名记者听了详尽的简报后觉得在最前线旅行处境危险，可能会成为日军的俘虏。麦克阿瑟全力保证他们能平安无事，并说敌人已陷于无法获救的境遇，还跟记者畅谈时事，自总统竞选、艾森豪威尔在欧洲的进展，一直到西点军校的足球赛。

忙于战事的麦克阿瑟对世界各地发生的事，都了如指掌。记者喀德莱认为他是他们两人所访问过的名人中，谈话最有吸引力的。他们与其他访客都注意到，麦克阿瑟谈到战事时，总是说"我的"步兵、"我的"炮队、"我的"兵士、"我的"战略。他还回忆道："当他谈话时，就化身为军事专家、政治偶像、决定命运的人物，我的同事和我都同意我们从未遇见过像他这样自负的人，也未曾见过这样自负但却能用卓越的成就表现自己的才干和志愿的人。"

时报记者下午回司令部用晚餐时，听到一阵抑扬顿挫、清晰伶俐、极富自信的谈话声，好像广播中的演讲。原来麦克阿瑟在卧室兼办公室里，正在跟金凯德斥责尼米兹按兵不动。

麦克阿瑟计划进行"隔岛跃进"战略，跃进棉兰老岛，需要海军的协助，但尼米兹却拒绝派舰，坚持必须要等到有良好的空军基地后，才能对付神风机队。所以，麦克阿瑟咆哮道："军舰是用来做什么的？战舰必须要冒险，就像我的士兵和坦克一样去冒险。美国海军有宁可牺牲的传统，将领丧失舰只有失面子；假如不面对敌人去战斗，美国人民要这些舰来干什么？"

金凯德双手抱在胸前，站着静听，不出一声，对此他显然已经习惯了。麦克阿瑟突然走到金凯德面前，双手按在金凯德的肩上，笑着说："汤米，我还是喜欢你。我们去吃晚饭吧，待会儿再发电报。"

第二天早晨，麦克阿瑟不知道记者已经偷听了他的谈话，他只向他们宣称："海军勉强迎战敌军。"

所有前来塔克洛班的访客，都觉得麦克阿瑟正生活在危险中，敌人一直在想方设法消灭他和他周围的人。

罗米洛曾很简单地记述："死亡就环绕在头上，在我们的四周，在任何时候。"

司令部一再被机枪扫射，遭受轰炸，房屋四周都是弹孔。麦克阿瑟在他的回忆录中，也曾轻描淡写地提过："他们的目标是我的司令部，但是永远也打不中。"

敌机迫近的时候，有两名记者在他身旁被击毙了，另一边有12个菲律宾人被炸死。有一次，敌机来炸，副官跑入屋内，叫道："有没有打到你？"麦克阿瑟神态安详地指着旁边的弹孔说:"这次没有打到。"

有人记述:"在 11 月 26 日的午餐会议时,敌军零式机来袭击了三次,飞得很低,就在头顶,声音都让人害怕,但我们的大首领仍在不停地讲。"

有一次是自己人的防空队打枪时射入了麦克阿瑟的卧室,落在椅子上,幸好没有开花。第二天早晨,麦克阿瑟在餐厅中把没有爆炸的子弹交给了队长,笑着说:"告诉你的枪手,下次瞄准时再高一些。"

麦克阿瑟在塔克洛班度过了感恩节和圣诞节,这时他已升为五星上将。感恩节的时候,肯尼因公要去布里斯班,麦克阿瑟托他给琼带信,他订了火鸡,琼希望能与他同度佳节,但是这不可能,麦克阿瑟必须要等光复了马尼拉,才能与妻儿团圆,最快也要冬末春初。

为了庆祝麦克阿瑟擢升为五星上将陆军元帅,他的部下熔化了美国、菲律宾、荷兰和澳洲的钱币——象征着他统帅这些国家的军队,铸成了两枚五星勋章,由艾奇勃和赖白士扣在将军的领口上。麦克阿瑟在他的回忆中记述:"往日对晋级与勋奖的兴奋情绪早已消逝,或许是因为我听了太多死亡的呻吟声,或许是岁月不饶人,正开始征收这无情的代价了。"

节日在消沉的情绪中过去了,但战事进行得很顺利。驻军马尼拉的日本司令官山下奉文一再收到雷伊泰失利的消息,急告寺内元帅,告诉他防卫岛屿的策略无效,要坚守住吕宋以防麦克阿瑟进犯。

寺内不为所动，仍下令集中力量歼灭雷伊泰的盟军。山下不能抗命，但心中也无把握，尤其是雷伊泰日军的主要基地奥马克港外的护航队被哈尔西航空母舰的飞机袭击以后，他们更加害怕。山下知道雨季终将过去，以后的补给会更加困难。他致电铃木说："如果最近援军不能到达，吕宋将会成为未来菲律宾之战的主要战区。"

山下决定不再牺牲后备军，放弃了把麦克阿瑟逼出雷伊泰湾的想法，但已经太迟了。11月底，麦克阿瑟在雷伊泰的部队已增加到18万人，12月7日——珍珠港事件三周年纪念日，新增援的第七十七师在奥马克登陆，把铃木的部队截成了两段，铃木秉承武士道精神，率众攀登360多米的高峰，顽强抵抗，最后山下接到寺内同意放弃雷伊泰、弃守奥马克的命令。

美军获得了空前的大胜利，"马来之虎"山下奉文尝到了溃败的滋味。雷伊泰之战，日本丧失精锐部队65000人，再也没办法补充了。

光复马尼拉

麦克阿瑟计划进攻棉兰老岛，棉兰老岛距马尼拉300公里，距雷伊泰500公里，美军总部给麦克阿瑟下令："此举太过大胆，且执行上太冒险。"但麦克阿瑟此时急于想收复马尼拉，对华盛顿的命令置之不理。

最初金凯德也表示反对，他认为舰队进攻棉兰老岛必须穿过苏里高海峡和苏禄海，很容易遭日机攻击。麦克阿瑟坚持认为山下因为在雷伊泰的惨败，不敢再为坚守棉兰老岛作太大牺牲，而且他需要保持军力守卫马尼拉，金凯德被说服了。果然不出麦克阿瑟所料，棉兰老岛没有重兵驻守，第七舰队完成了使命，美国大兵仅用几个小时就占领了全部日军放弃的空军基地。

棉兰老岛干燥而坚实，肯尼视察过基地后，十分满意。在麦克阿瑟的计划中，棉兰老岛是跳往林加延湾的"最后踏脚石"。他和敌人都很清楚，假使山下失去了吕宋，美军进攻日本本土，中间就只剩下琉璜岛和冲绳岛两个据点了。

1945年1月3日晚，士官仰望司令部阳台，看见将军在默默地走来走去。

"他的动作和步伐，都与往常不同，他没有拿烟斗，没有戴那顶著名的巴丹帽，秃着头，双手在背后紧握着，缓缓踱步，脚步缓慢得好像在测量，一个人在阳台上……他那威武的身影在沉思中缓缓移动。"

接近吕宋的战争，将掀起第二次世界大战在西南太平洋区的高潮。麦克阿瑟正在思量，第二天早上，将会登上旗舰"玻伊斯号"轻巡洋舰，向仁牙湾前进，将统率太平洋上历来集结的最大舰队——1000艘大小船只、3000艘登陆艇，率领28万名士兵，但是山下有275000名士兵，太平洋区最庞大的军队正以逸待劳地在等着他。

圣诞前三天，山下就已经开始准备迎敌，把劳威尔的傀儡政权（包括曼努埃尔·罗哈斯在内）迁到了较易防守的夏都碧瑶，离马尼拉 200 多公里的山区，如今，麦克阿瑟的舰队逼近，他自己的司令部也搬到了碧瑶。这位高大强壮的日军将领十分自信,并夸下海口:"失去一两个岛屿算不了什么，菲律宾的领土广大得很，我们可以随心所欲地大战一场，我将在菲律宾群岛为大东亚光荣圈写下辉煌的一页历史。"

东京电台访问山下后广播道:"吕宋之战，30 万的美国军官和士兵注定将要在此送命，等着瞧吧！"

其实，山下心里已经绝望，只是不敢表现出来，他认为美军的炮火猛烈，同时哈尔西航空母舰又在海面巡逻，如果坚守海岸线进行顽抗没有任何意义，所以全部撤离。他在拖延吕宋本岛的抵抗，为的是绊住麦克阿瑟的大军，使日本有充足的时间在本土建筑防御工事。

防守的军队在战略上有很多优势，山下清楚知道敌人将在什么地方进攻。麦克阿瑟虽想给他一个措手不及，但吕宋中部的大平原是美军坦克部队最理想的进攻路线，只有仁牙湾适合进攻，所以麦克阿瑟也只好效仿三年前本间进攻时所采取的路线。罗米洛还很清楚地记得自己在听到马尼拉广播"在仁牙湾发现 80 艘敌军运输舰"时的惊愕。

金凯德舰队的士兵也在震惊，日本神风特攻队的攻击力达到了巅峰——40 艘美军舰只被击伤或沉没了，可见敌军的潜艇还是很活跃的。

麦克阿瑟站在后甲板上观战，目睹两枚鱼雷向"玻伊斯号"射来，船长却巧妙地躲避过去了，麦克阿瑟对他很赞赏，又眼见敌人潜艇在"玻伊斯号"左舷上升时被美军驱逐舰击中，更为赞赏。过了一会儿，麦克阿瑟回到舱内，正在这时有一架神风零式机冲向"玻伊斯号"，艾奇勃医师大惊失色，但是差不多三秒左右，零式机在转向另一艘船时被高射炮击中爆炸了。

"玻伊斯号"甲板受到震荡，医师急忙下舱，看到麦克阿瑟躺在铺上，紧闭双目，还以为他在假寐，因为这种时候，没有人能够熟睡。他在门口为麦克阿瑟计算呼吸，1分钟呼吸16次，表示正常脉搏是72次，他进舱给麦克阿瑟把脉的时候把他弄醒了。医师问他怎么会睡着呢？他道："我已经看到了我要看的全部战斗，所以我想睡个午觉。"

麦克阿瑟在他的回忆录中记述：

> 当这强大的舰队驶近海岸时，我看到了往日所熟悉的标志，认出了水平线上在阳光中发亮的地形——马尼拉、科雷吉多尔、马里维尔斯、巴丹。我真不想离开船栏，在我旁边的僚属们一个个走开了，我一个人孤单地沉浸在回忆中，一幕幕难以忘怀的旧时景象让我有一种难以形容的复杂感觉——困惑、悲哀、孤独和庄严的奉献。

1 月 10 日清晨，美国大军迫近海岸，纷纷登陆。忽然刮起的一阵飓风让麦克阿瑟乘坐的小艇无法靠岸，麦克阿瑟便蹚着水登陆了。两天后，他把司令部设在了仁牙湾东面 32 公里的达古潘镇的一所学校内。

麦克阿瑟急着光复马尼拉，敦促克鲁格快速进军。克鲁格推想敌人一定会设重兵保卫首都，麦克阿瑟则料定山下为保持实力，一定会退守山区，并坚持说："50 年前，我看着我父亲在这片土地上获得胜利。我对这里的地形，无论每个起伏、每寸土地，都十分熟悉。"

他觉得可以避重就轻，绕道稻田小镇间的道路，直达马尼拉。他确信日军的一级司令官都知道首都马尼拉没有战略价值，是不会重兵设防的。

克鲁格力争不能轻敌，但是一路进军却没遇到顽强的抵抗，很轻易地就攻下了克拉克机场。克鲁格正在整顿机场，麦克阿瑟已迫不及待，又闪电进军向山下示威，第六军向马尼拉推进时，麦克阿瑟派军一团登陆纳苏格布湾，没费一兵一卒就取得了要港奥隆加坡。

麦克阿瑟身先士卒，亲临前线督战，他希望 1 月 26 日，也就是他生日的时候能攻下马尼拉，但事实上很难办到。2 月 3 日先头部队逼近市郊，一两天后，战地公报宣称："我军迅速扫荡马尼拉敌军，包围了守军。该城很快就会被攻下。"

罗斯福、丘吉尔等纷纷电贺麦克阿瑟的成功。莱希向罗斯福总统报告，麦克阿瑟已到达城外，救出了美国战俘。

艾克尔伯格记述道："大首领可能会在最近的三四天内进入马尼拉。"但两天后，他们就接到了麦克阿瑟官式的邀请入城。事实上，当时城内的街道砖砾遍布，血肉狼藉，正式入城，还要等一个月后。日军杀戮平民将近10万，其残酷暴行，令人发指！

麦克阿瑟进城后，首先救出了集中营的俘虏，打开了老比利比德监狱的大门，放出的人都是衣衫褴褛、惨不忍睹，有的泣不成声，有的用微弱的声音说着："你回来了！""你成功了！"麦克阿瑟很难过，只是说："我来迟了，不过我们还是回来了。"

1945年2月27日，麦克阿瑟走进了铺着红地毯、完整如昔的马拉卡南宫，把首都正式交还给了奥斯梅纳总统，并致辞：

自从我们的部队和各种设施撤出这座美丽的都市后，已经过去三年了，辛酸、挣扎和牺牲的岁月都过去了。按照战争规定，这座不设防的城市，它的教堂、纪念塔碑及文教中心，不应该受到军事行动的摧残，但是敌人对此却置之不顾，很多我曾设法保护的东西，都被敌人在危急时刻，在垂死挣扎的行动中，恣意破坏。但是，这些灰烬也注定了他们自己未来的命运。

现在我郑重宣布，总统先生，贵国宪法上全部的权力与责任，贵国政府依照法律规定在此首都所在地上重建。因此，贵国可以重新在自由国家的世界中，自由地谋求受人尊重的地位。贵国的首都虽然历尽沧桑，但现在又重获公正地位——远东民主国家的一座堡垒。

麦克阿瑟说得声音震颤，双手蒙脸而泣，过了一会儿，他用衣袖擦擦眼睛，又继续说道：

愿卑恭而虔诚地向万能的上帝感谢，感谢他把最后的胜利给我们，请在座的各位和我一起朗诵主的祷词。

麦克阿瑟在回忆中记述：

在别人看来，这似乎是我不朽的胜利时刻，但我自己觉得，似乎只是我心力交瘁到了极点。它已经伤害了我内心的一些东西——眼看着我的士兵一个个离去。

3月2日，麦克阿瑟带着巴丹的一批旧属重新返回科雷吉多尔，该岛已面目全非，被破坏得无法辨认了。麦克阿瑟看到这种情况，对众人说："各位，科雷吉多尔就是现实的证明，巩固堡垒的时代已经过去了。"

麦克阿瑟对佃农的情况很同情，对于那些现在远在海外的西班牙和美国的地主，甚是憎恨。他提议要惩罚那些在沦陷期间与日军合作的叛国分子，但也在尽力为他以前的朋友开脱。他对奥斯梅纳总统有些偏见，认为他们之间很难合作。

麦克阿瑟压倒性的胜利，让碧瑶的傀儡政府很惶恐，他们向山下求助，山下便派飞机在 3 月 19 日将劳威尔及其他三人，从台湾送到了日本。

4 月中旬，美军第三十三师逼近夏都碧瑶时，罗哈斯和其他三名部长，还有最高法院司法官逃入了美军的警戒线。麦克阿瑟听闻后，立即命令飞机把罗哈斯接到马尼拉，并命令《自由菲律宾》主编发布消息，标题为：

"罗哈斯随被解放民众逃出，四名阁员被擒。"

内容说明是"四名与傀儡政府合作分子被捕，在战争未结束前为了军事安全而受监禁，并移解到菲律宾政府审讯处理"。但麦克阿瑟称罗哈斯曾多方面协助游击队，应予分别处理。

1945 年 3 月，琼带着儿子阿瑟和女佣亚珠等从布里斯班到了马尼拉，麦克阿瑟一家分别四个多月后又重新团聚了。

麦克阿瑟对阿瑟很溺爱，每天一定会抽出时间陪伴他，琼担心这样会把儿子宠坏。琼当时想送阿瑟进学校读书，但战后一切还没有复原，好多学校都被毁了，所以他们只好请了一位英国夫人给阿瑟做家庭教师。

凡是和麦克阿瑟相处过一段时间的人，即使很短时间，也能感觉出麦克阿瑟的头脑不凡。约翰报道：

即使是战争资料局的罗伯特·休武德和麦克阿瑟会谈三个小时，也会对他佩服不已，自叹不如。因为在他的头脑里不知何时已经定下了将来征服日本后如何统治的最详尽的细节。他的构想总是辉煌、广阔而大胆。休武德曾想，不管军事范围内发生什么事故，都应该给他一个机会把他浩大的计划付诸实施。

麦克阿瑟还告诉休武德：对日战争的胜利，会对美国在亚洲的前途产生极大的影响力。如果美国对这种影响力使用帝国主义的形式，或者只顾片面的商业利益，那会丧失大好的黄金机会；但是，如果把我们的影响和力量，用真实的自由主义来表达，那将会获得亚洲人民永远的友谊和合作。

麦克阿瑟也曾与另一位访客、海军部长詹姆斯·V.福雷斯特尔讨论过未来占领日本的问题，福雷斯特尔在日记中记述：

他谈到了美国能够对抗共产主义的两大思想方针：一、自由与解放的思想；二、基督教的思想。

约翰还感觉，麦克阿瑟的专横随着他战争的胜利而日盛。

雅尔塔会议中，罗斯福和丘吉尔要求斯大林派兵参加对日战争，斯大林乘机提出条件，例如：各国要承认外蒙古的自治，大连商港国际化，苏联享有优先利益，库页岛南部及其邻近各岛归还俄国，千岛群岛割与苏联，中东铁路与南满铁路由中、俄共同管理。麦克阿瑟也知道攻占日本，很需要苏联参战。罗斯福听了参谋总部的报告后决定：只要苏联愿意参加远东战争，就接受斯大林在雅尔塔所提出的任何条件。

　　为了协助盟国，华盛顿命麦克阿瑟攻取婆罗洲几个据点。麦克阿瑟率领着部分澳洲军队，亲临前线督战，他身先士卒、不惧炮火的一贯作风，深获澳洲军的钦佩，几个据点很快便拿下了。

　　麦克阿瑟进军很顺利，不久便攻下了硫磺岛与塞班，并以这两个地方作为空军据点，使美国空军B29型空中堡垒能够直接轰炸日本本土。日本国内的人民起初都以为战争即将胜利，敌人即将投降。等到硫磺岛失陷，美国海军炮轰沿海城市的时候，才明白了真相，个个惊慌失措。

　　1945年4月1日，盟军进攻了距离日本九州仅50公里的冲绳，这更让日本人民震惊不已。看样子，登陆日本本土的日子为期不远了。

　　肯尼因公赶赴华盛顿，3月20日罗斯福在病中召见了他，嘱他转告麦克阿瑟，有重大工作将要委任给麦帅——地点是菲律宾之北。肯尼返回马尼拉后，向麦克阿瑟报告，说他将是统领盟军进攻日本的总指挥官。麦克阿瑟不相信，说："我知道将由尼米兹担任，我只是负责肃清菲律宾残敌，南征荷兰属地东印度。不过，是谁告诉你的？"

肯尼答道："一个叫富兰克林·罗斯福的人说的。"肯尼后来描述当时的情况：

> 麦克阿瑟竭力想控制自己的表情，但还是没有控制得住，他跟我一样高兴……我对尼米兹没有反感，但还是觉得麦克阿瑟是执行此任务的较适当人选。

4月3日罗斯福总统下令改组太平洋区军事指挥权，原来的地区划分已不适合，应该废止。尼米兹负责统领所有海军，麦克阿瑟担任地面军队总指挥，一切军事行动由海、陆、空三方面密切合作。不久，罗斯福逝世，指挥权问题又起了争执。福雷斯特尔记述：

> 4月中旬在关岛举行正式会议，盟国外交官也出席参加，麦克阿瑟的代表竭力争取太平洋区陆上及空中军事指挥全权，仅由海军担任海上支援行动。

亚诺尔特在日记中记着：

> 尼米兹不同意肯尼的空军轰炸敌舰，或在海岸15

公里以外有所行动，坚持认为海军有进入日本内海的第一优先权。

福雷斯特尔记述：

> 麦克阿瑟觉得尼米兹是他的好朋友，但是他怀疑对方并不把他当朋友。

麦克阿瑟向艾克尔伯格说："海军的目的是战后控制全部海外形势，而陆军只是警卫罢了。"他还说海军不想依靠陆军的协助击败日本，陆军的《步兵日报》编辑在出卖陆军，只知道替海军宣传。总之，每个人都在与麦克阿瑟作对。尼米兹坚决表明立场："海军不向陆军屈服。"

当时，日本将领正在积极准备防御进攻，绝不放弃保卫乡土的努力，并夸口盟军如来进攻，将遭遇猛力反击。但是，麦克阿瑟看法不同，他要求五角大厦和国务院采取安抚态度，并预料到局势的突破将是东京方面主动，而非日军。但是，华盛顿方面却无人相信他，并认为日本非常顽强，还能够支持两年。

事实上，麦克阿瑟的观察是正确的。天皇本人希望和平，驻莫斯科的使节也正在进行试探和平。假如罗斯福总统没有死，他一定能感觉到和平的可能。杜鲁门继任后不久，因缺乏外交经验，仅仅依靠艾奇逊、麦克尔罗伊和霍普金斯等顾问主持大计，他们主张，除非废黜天皇，无条件投降，否则战争很难停止。麦克阿瑟知道他们的主张后很吃惊，他明了日本军民顺服天皇的心态，除非天皇下令，否则日本军民是不可能投降的。当时如果能顺从麦克阿瑟的主张，也就不用投掷原子弹了。

在广岛投掷原子弹的前两个星期，麦克阿瑟就告诉肯尼，日本最迟会在9月1日投降，或许还会提前。

8月6日，第一颗原子弹丢在了广岛，两天后苏联宣布参战，向中国东北九省进军。8月9日，第二颗原子弹投向了长崎，8月12日杜鲁门下令B29停止轰炸日本，8月15日天皇下令东京时间下午4点停止一切军事行动。杜鲁门获得各方同意指定麦克阿瑟为盟军最高统帅，接受日本投降。

战后重建日本

如何占领日本，麦克阿瑟已经胸有成竹，他拟订了七点计划：1. 解散军队。2. 遣散士兵回家。3. 清除军事工业。4. 举行自由选举。5. 实行妇女投票权。6. 鼓励组织工会。7. 重建学校，消灭军国思想，改善公民教育。还决定把一切新政都通过日本政府下令执行。

首先，麦克阿瑟通知日本政府派遣16人代表团来马尼拉讨论投降仪式。会谈后决定，第一批美军决定在厚木机场降落。日方代表说厚木机场是神风特攻队训练基地，反对停战行为很激烈，最好改在其他机场降落。萨瑟兰坚持要在该地降落，给日方 5 天的限期，让他们控制基地秩序。

8 月 28 日，先遣部队搭乘 C47 运输机抵达厚木机场，下机时，一群日本人向他冲来，他急忙戒备，幸好他们是前来向他致敬的，并无恶意。

麦克阿瑟依照预定日期 9 月 19 日下午安全抵达厚木机场。先前，有人劝他改期，以免被基地的暴动分子们伤害，但麦克阿瑟决意在哈尔西之前抵达日本，所以不愿改期。他下机后便去了预定的横滨大饭店，机场与饭店相距 40 多公里，而交通工具只是一辆还算完整的林肯旧车，大轰炸后的道路崎岖难行，所以 40 公里路程竟走了两个小时，沿途戒备森严，可见日本政府很谨慎。

到达日本后，麦克阿瑟处处表现出对日本人的信任，使日本人对他的统治心悦诚服，敬若天神。麦克阿瑟觉得，想要改造日本就必须表现出慷慨热忱、真诚相待的态度，才能取得好的结果。所以到达横滨后，他立即下令取消了军事管制及戒严令。

第二天晚上进餐时，副官报告有客拜访，来客是温莱特中将。他刚从奉天俘虏营获释，经重庆、马尼拉到了日本，受麦克阿瑟的邀请参加了日本投降仪式。

麦克阿瑟急忙站起来迎接，两人在门口相遇了，温莱特憔悴苍老，步履艰难，面庞消瘦，两眼深深地凹陷，皮肤枯燥，头发花白。两人拥抱时，温莱特露出一丝笑容，嘴唇微动却一句话也没有说出来。

温莱特在科雷吉多尔向日军投降，为此他深感内疚，怕今后丧失指挥工作。麦克阿瑟很吃惊，对他说："吉姆（温莱特在军校时的外号），怎么会呢？你要的话，你的部队仍是你的。"温莱特很感动，热泪盈眶。

投降仪式于1945年9月2日在美国海军战斗舰"密苏里号"上举行，日方由外相重光葵代表政府在降书上签字，然后麦克阿瑟及盟国代表相继签字。麦克阿瑟致辞：

> 我们今天相聚在这里，代表参加战争的国家达成庄严协议……战胜者与战败者必共同重建一个重视人性尊严、实现自由宽容、维护正义的美丽新世界，这是我衷心的希望，也是全人类共同的渴望……

仪式完毕，第二次世界大战也完全结束了。麦克阿瑟开始向美国人民广播：

> 今天，炮声终于沉寂，一个全世界的大悲剧结束了，我们赢得了大胜利……全世界终于获得了和平，神圣使命业已完成。
>
> 人类历来向往和平，但是军事联盟、强权制衡、

国际联盟等，均告失败，只要使用武力，我们面临了最后的考验，如果不想法寻求更有效、更公正的制度，战争必将重临。根本的问题在于精神指导的方向，关乎全人类精神的重整和人格的改造。我们一定要让这方面的成效与过去两千年来人们在科学、艺术、文学及物质和文化上的各项成就并驾齐驱。为了拯救肉体，必须先从精神开始。

日本天皇裕仁是个很平常的人，他19年前继承皇位，战战兢兢地祈求有所成就。

他身材矮小，心不在焉，是六个孩子的父亲，相貌平庸，但有皇族的庄严，性格内向，弯腰弓背，体格衰弱，看起来非常虚弱。他胡子稀松，脸上有很多痣，深度近视，目光无神。他在宫中时穿着很随便。

他年轻时曾旅游欧洲，接触了爵士音乐、威士忌酒和高尔夫球，迄今仍酷爱这些享受。但他更钟爱海洋生物学，他曾经出版过几本枯燥乏味的有关海洋生物的学术著作。他喜爱整个下午都躲在宫里的实验室，用显微镜和幻灯片做实验。他喜欢鱼类，把它们看得比人还重要。

这是西方人对他的看法，但他的臣民对他的看法却不一样，或许，他们根本就没见过他。他很少在群众面前出现，即使偶尔在公共场所出现，人们都目光转移，不敢面对他，因为有传说描述如果与他的目光相遇，哪怕只是一瞬间，也会变成盲眼。

日本人相信他是神武天皇的第 124 代直系后裔，他的年号是昭和，意思就是光明与和平，但没人注意到这于他发动战争是一种讽刺，没人想过要对天皇的话发表意见，甚至很少有人能了解他在说些什么。通常，他接见臣属的时候，都高高地坐在坛子上，两边挂着金线绣的帐幔，座位后面有个六扇镶金的屏风。他安静地坐着，只表示他在场，但他作出的决定都是正式的。他赞成向盟军投降，他说了两句话："我不忍心再让无辜的人民受罪，结束战争是恢复世界和平与解救国家脱离苦难的唯一办法。"

投降后的困难是无法避免的，一般的民众都面临着衣食无继的局面，但是日本民族性格坚强，能够忍受一切困苦，人民依旧忠心耿耿，顺服不二。

麦克阿瑟深知东方人的个性，也很了解日本的历史、天皇制度、民族性还有军、政、经济，所以他治理日本时，很尊重对方，使其自尊而不敢恣意胡为。

日本明治维新以来，虽说崇尚民主，也只是虚有其表，实际上还是阶级分明，实权都操纵在军阀、财阀的手上，女性也只是男性资产的一部分，毫无独立主权。

日本的宗教——神道，在 1884 年被宣布为"国体"，其实并不是一种宗教，只是借神的名义来制服人民，使其不敢违抗，是为专制独裁而实施的。如今，战争失败了，天皇只好向民众宣布天皇不是神，日本民族并不比其他民族优秀，更不可能征服世界。从此以后，不能再依赖神话传说，妄自尊大。全体人民要同甘共苦，互相信任，团结起来谋求生存。

麦克阿瑟治理日本，处处宽容为怀，深得日本上下的信任。当美国第八军随同第四海军陆战队登陆时，本想是要强制25万日军缴械，但是麦克阿瑟到达后下的第一号命令，是要日军"自动缴械"。麦克阿瑟向困惑的部下解释道："假如现在让日军受辱，以后就很难统驭他们。到时候他们所私藏的武士刀，一定会造成无法预防的后患。如果让他们自动缴械，他们一定不敢私藏，会心甘情愿地向盟军献出。"

果然，麦克阿瑟料事如神，第一艘船就载了7吨重的武士刀回到了美国，作为胜利纪念品。

哈尔西下令禁止渔船出海，以免渔人私置鱼雷，破坏第三舰队的活动，麦克阿瑟又阻止了，他以为捕鱼是渔人赖以生存的方法，目前粮食缺乏，如果禁止他们出海，那渔人将无法生活。

劳维尔和阿瑟·M.施莱辛格观察麦克阿瑟的表现，写下了他们的观感：

战后的日本，最需要的是信心、神秘的力量和精神崩溃中所需的精神再生力，而麦克阿瑟的大力支持，正好补充了这种需要，换做其他的美军将领，恐怕很难做到。

麦克阿瑟一向很崇拜拿破仑，他尊称他是有史以来最伟大的军人，他说："拿破仑在战场上是一位天才，他的军事能力没人能比，但在政治上，他却毫无主见，一切听从他的顾问。他有很好的意见，但是听了他周围的人的论调后，往往会失去信心。因此，他厌倦了，就这样消磨了他的魄力。"

麦克阿瑟精力充沛，三十余年没生过一天病，他的医师发觉他的反应相当于 50 岁的人。他依旧充满活力，容光焕发，趾高气扬。美国驻东京大使威廉认为："假如麦克阿瑟是一位优柔寡断的统帅……那占领日本将会是一个彻底的大失败。"

麦克阿瑟在战争还没有停止时，已经在作准备，此刻他认为有些事情可以不用向华盛顿请示。他没有像驻德国的鲁西斯·克莱那样，小心翼翼地把他的工作当成是历史使命；也不像拿破仑那样听信旁人，他有自己果断的主张，对部下的进言，置之不理。

在占领日本时期，麦克阿瑟很少听从别人的意见，他自述："有时全体僚属一致反对我的主张，但我很明白自己在做什么，毕竟我比他们更有经验，而且大多数时候，我能够证明我是对的。"他的本能告诉他，一切工作透过日本天皇，更有成效。并且，他在第一次大战后游历占领时期的德国有所体验，他认为不和战败者打交道而自作主张，是一种错误的策略。

美国于 8 月 6 日在日本广岛投下了第一颗原子弹，8 日，苏联才宣布对日作战。9 日美军在长崎投下了第二颗原子弹，14 日，日本宣布无条件投降。开始时，斯大林同意由一名美国统帅占领日本，到了 12 月在东京开会讨论日本前途时，苏联又想要推翻前议，打算参加占领。杜鲁门总统想要让步，但麦克阿瑟向记者透露自己的意向，如果真的让苏联和英国参加占领，他宁愿辞职回国，因此华盛顿方面决定坚持原议。杜鲁门又训令麦克阿瑟，说："为切实推行投降条款，阁下可以采取一切你认为必要的措施。我国与日本的关系，没有协约根据，而是无条件投降……你的权力至高无上。"

威廉大使称那是"麦克阿瑟的魔术"，把占领日本变成个人表演，又说："美国历史上从未把如此庞大而绝对的权力，交给一个人。"

麦克阿瑟的权力可以停止日本天皇活动、解散国会、指摘政党非法，并撤换任何公职人员。当他决定撤换国会中穷兵黩武和右翼社会党议员时，首相很气愤提出辞职相威胁。外相把消息传报给麦克阿瑟，麦克阿瑟冷淡地表示："如果内阁总辞，就说明不能执行我的命令，那以后如果日本天皇再令他为首相，我也不能接受。"首相便撤销辞意，遵从麦克阿瑟的命令。

日本人民对麦克阿瑟的尊敬，不亚于对日本天皇的尊敬。麦克阿瑟爱护日本人民的方式，也可以说是无微不至，他不时提醒他们要发展自己的命运。他没有关心如何压制日本，而是更关心如何让他们重新站起来；他没有干涉他们的文化或他们的和平生活制度，认为他们应该在自己领袖的指导下重建国家，美国的干涉越少越好。他要日本民众把他看成保护者而非征服者。

这时，普通人民也都觉悟了，他们从报纸上开始知道日军以前在中国和东南亚各国的暴行，深觉罪孽深重。如今，面对占领军对他们的爱护，内心更是惭愧不已。

在审判战犯方面，占领初期，共有1128名战犯（包括前首相东条在内）被拘禁在东京监狱里。审判由11个国家的法官联合组成，由澳洲的威廉·韦伯爵士担任主审官。经判决，有174名处死刑，最后多数被赦免了，仅东条和其他6人被处绞刑。其中情节严重的被取消公权，不再任公职，其余都从轻发落。铃木外相诏告国人：

> 在德国狱中的战犯，大都被迫做苦工，在我国，那些让国家陷入战祸的罪人，只是被免去了公职。我们应该明确记住，这完全受益于麦克阿瑟将军宽大仁慈的占领政策。

但是在马尼拉，本间和山下就没有那么幸运了，菲律宾人决不宽恕他们的暴行。本间在 1942 年攻陷巴丹后，发动死亡行军，残酷无比。山下是总司令，应负指挥之责，而且也有"马来之虎"的外号，罪恶昭彰，两人终被判处死刑。

杜鲁门总统于 1945 年 9 月 17 日和 10 月 19 日，两次邀请麦克阿瑟回国，与艾森豪威尔一起接受国家奖誉，但麦克阿瑟都以占领区任务重大、不能分身为由推辞了，使杜鲁门和马歇尔大为扫兴，愤恨于怀。

麦克阿瑟始终对日本人很尊重，为他们导向民主政治不遗余力。他指令日本内阁加速改进：提高女权、允许妇女投票参政、鼓励组织工会、教育改革、废弃军国主义、平均财富、企业公开、制定新宪法等。

因为保守派和激进派意见不一，新宪法很难产生，最后，麦克阿瑟亲自动笔，拟订大纲。最初时，日本学者私下里批评麦克阿瑟高压干涉日本，后来都对此感到满意，都极愿遵守。

新宪法中，天皇名存实亡，没有投票权，贵族封建制度彻底瓦解，授权议会立法，保证全民自由平等，投票年龄改为 20 岁，男女绝对平等。首相由两院制的上院选出，任期四年，如政策失败，要由下院另选，或者宣告改选。最显著的规定，是废除战争条文。基于正义、国际和平与秩序，日本人民永远废弃战争，海陆空军队及其他战备，一概不得重建。日本人称新宪法为"麦克阿瑟宪法"。

宪法公布之日，日本天皇下令全国放假一天来庆祝，还宣称宪法是国家的法律，要求国民共同维护并行使他们的新权利。"麦克阿瑟宪法"的实施，使日本在战后国力迅速增强，人民生活水平很快提高。

麦克阿瑟迅速改造日本，其中，建立人身保障法，是他自己最感得意的事。

传统上，日本46个府县的首长，都是由政府指派的，现在改为了当地公选。全民选举日，全体选民（包括妇女）都踊跃参加。

吉田首相首次组阁，接受了盟军统帅的激励，通过700条新法律，包括公民权利、产权抵押以至离婚条例等。麦克阿瑟虽是男人至上主义者，但保持君子风度，他尊重妇女，认为男女都有灵魂，应该享有平等待遇，一切不平等的婚姻制度，都要进行全面改革。

麦克阿瑟推行的改革很多，消除封建制度、取消特权、土地改革、解放妇女、劳工立法、教育普及、废除贵族、扩大社会服务、节制生育、加强公众健康的维护以及转移财富、加重课税、消除军国主义等，奠定了日本富强的基础。

土地改革是最成功的新政，战前日本的大部分土地都属于地主，农民辛苦耕耘，所得不够温饱。战后，麦克阿瑟督促改革，政府低价收购地主的土地，然后原价分售给耕农，从此农民的生活得到了改善。

其次是公共保健工作。扑灭了霍乱，肺结核死亡率降低了 88%，白喉、赤痢各降低 86%，伤寒降低 90%。大力提倡公共卫生，减少疾病发生，人口平均年龄增长了。

教育方面，麦克阿瑟更是费了不少心血，才使日本的学生从以前的军国主义教育下解放出来。他鼓励学生、教师和教育首长要毫无拘束地讨论问题，包括政治、公民和宗教自由。从此，日本的下一代都习惯了独立自主，不再依赖家庭或一味服从父母安排。

八年后，美国教育界对日本作了一次访问，学生们都表示愿意做医师、政治家、教师、护士、电车售票员，甚至摔跤家，只有一人愿意做军人，还表示要向麦克阿瑟看齐。

英雄的谢幕

麦克阿瑟致力于具体工作，对国内的政治不太关心，后来杜鲁门也响应众多上层领导的意见，说："麦克阿瑟再一次公然蔑视他的三军总司令——美国总统的政策。"

后来布拉特莱下结论：盟军统帅必须撤换。杜鲁门也下定决心，于 1951 年 4 月 10 日下午 6 点签发了他的命令，并决定由当时巡视远东并在东京的陆军部长批示监交。那时许多的新闻记者都群集东京，导致消息走漏，并传说麦克阿瑟与华盛顿公开决裂，麦克阿瑟已提出了辞呈。后来虽然被证实是谣传，但当时的华盛顿人士却信以为真，向杜鲁门报告。

杜鲁门说:"我绝不跟他客气,一定要把这家伙革职,我不会接受他的辞职。"当时便指定马修·李奇微继任麦克阿瑟的职务。

消息传到东京后,麦克阿瑟很平静地对妻子说:"琼,我们终于可以回家了。"

他的左右都很悲愤,他却保持缄默,只是在接见外交官威廉·西博尔德时表示:"解职并不严重,只不过反映个人的判断,让人伤心的是总统的手段,这样公开地羞辱一个从军52年的军人,实在太残酷了一些!"

4月11日晨,全国人士读到报刊上麦克阿瑟被罢免的消息,都很震惊。共和党议员群起商量对策,并获得民主党议员的同意,邀请麦克阿瑟出席联合会议,少数党领袖马丁在散会后,向新闻记者宣称:

> 因为最近有不幸事件发生,国会将全面彻查政府的外交和军事政策,会议中曾经提出弹劾问题,不仅总统个人,涉及的全体政府官员及军方参谋总长,均要接受质询。

这一事件将成为爆炸性问题,但麦克阿瑟很镇定,他吩咐部下从速准备离开日本,先回加州,然后抵达旧金山。

罢黜麦克阿瑟事件,引起了许多不满,知名人士、一般民众、团体、报纸杂志,纷纷指责总统处置不当,更加推崇麦克阿瑟的成就。

1951 年 4 月 16 日，麦克阿瑟携家眷离开日本，25 万日本民众列队欢送，7 点 20 分，座机升空向东北飞去，一直到飞机消逝在太平洋，人们才快快离去。

飞机到达夏威夷，稍作停留，机场上已经有群众聚集等候。据纽约时报估计，有 10 万人以上，前来向麦克阿瑟致敬并道珍重。夏威夷大学还赠予他法律名誉博士学位，校长推崇他是近代美国伟人之一。

到达旧金山，正是华灯初上的时候，麦克阿瑟拍拍爱子阿瑟的头说："孩子，我们到家了。"

8 点 29 分，飞机停妥，舱门打开，麦克阿瑟准备下机，弧光灯突然大亮，如同白昼。麦克阿瑟说："我和我夫人早就期待这么一天。"但是机下的群众，没人能够听到，炮声齐鸣，军乐启奏，万余市民突破警察队伍，跑到机场迎接麦克阿瑟下机，在机场外等候致敬的群众，至少有 50 万人，道路拥塞，两个小时后，他们才抵达了圣弗朗西斯科旅社。

第二天早晨，50 万市民群集市区，欢迎英雄回国。麦克阿瑟抵达市政府前时，向群众致辞：

> 刚才有人问我是否有意进入政坛，我的回答是否定的。我一点政治野心也没有，我不想竞选任何公职，我不希望我的名字和政治发生关联，我所关心的，也是大家都熟悉的——"上帝保佑美国！"

4月19日午夜，他到达华盛顿，机场又挤满了群众，政要都在现场欢迎，杜鲁门派代表向他致意。杜鲁门心中虽然愤怒，但仍下令政府员工和小学生放半天假，欢迎麦克阿瑟，一定要让麦克阿瑟受到光荣的待遇。

中午，众议院集会，麦克阿瑟的夫人琼、儿子阿瑟和麦克阿瑟本人依次出场入席。等麦克阿瑟出场的时候，守门人宣布："议长先生，陆军将领麦克阿瑟到场！"与会人士同时起立，拍手欢呼，麦克阿瑟挺胸缓步走上讲坛，等听众静止后从容致辞道：

议长先生，各位杰出的议员先生：

我今天站在这个讲坛上，是我的殊荣，也让我感觉到了自己的卑微。在我之前已有不少伟人创造美国历史，我自叹不如，深觉卑微；但是，我因为能在这个代表人类自由、民主的庄严论坛上致辞深感荣幸。我已晚暮之年，在此向各位致辞，既没有恨意也没有遗憾，心中唯一意愿还是为国效劳。

该次演讲费时34分钟，其中鼓掌次数不下30次，最后的结语，更是令人永难忘怀。他说：

我正好结束了52年的戎马生涯，甚至在本世纪开始前，我就已经从军，实现了我童年时的一切抱负和梦想。从我在西点军校广场上宣誓之后，世界已转变了许多次，我的抱负和梦想早已消逝。但我仍记得当时军营中最流行的一首军歌的两句词："老兵不死，只是逐渐凋零而已。"我就像那首歌中的老兵一样，结束我的军旅事业，趋于退隐。我相信上帝会让一个曾经努力尽责的老兵，看到他将任务完成。现在向诸位珍重道别。

麦克阿瑟回国后的头一年里，到处旅行演讲，马不停蹄地忙碌着，所到之处都大受欢迎。后来他定居在纽约，住在华道尔夫大厦，访客川流不息，应接不暇。

后来因朝鲜战争失败，而且他与杜鲁门总统政治意见有分歧，他在政界的地位有所下降。在塔夫脱竞选共和党总统提名时，麦克阿瑟也竭力帮忙，到处演讲助选，但是最后还是艾森豪威尔获得了提名，并当选为总统。此后，麦克阿瑟减少了活动，不再到处演讲，还接受了老朋友兰德的劝告，受聘为雷明顿·兰德公司董事长，位尊薪高，职务轻松，可以安度他的退隐生活。

在艾森豪威尔接任总统的第二年，麦克阿瑟还发表过他对战事的意见，但一年后，麦克阿瑟的想法改变了，他开始反感战争，他觉得艾森豪威尔和杜勒斯拒绝他的建议向斯大林发出最后通牒是对的，不该再使用原子弹构成威胁。后来，他还建议把国际间的武装战斗视为非法，以此来根本消灭战争。

约翰·肯尼迪继艾森豪威尔任美国总统，他对麦克阿瑟很钦佩，就任总统后第四个月，就到纽约拜访麦克阿瑟。麦克阿瑟一再告诫肯尼迪不要让美军介入亚洲大陆战争。

1961年，菲律宾独立15周年纪念，邀请麦克阿瑟夫妇参加庆典。当时菲律宾驻华盛顿使节加洛斯·罗米洛先向白宫请示，肯尼迪总统表示愿意以总统专机供麦克阿瑟使用。

麦克阿瑟当时已经81岁，经过东京美军基地转到菲律宾克拉克机场，他称此行为"情感的旅行"。他穿着褪色的军服、戴着破旧的军帽走出了机舱，他还是菲律宾人所熟悉的样子。群众大声欢呼，乐队奏出《老兵不死》，他深受感动，向群众行军礼时，手微微颤抖着。下了飞机，礼车开往麻拉甘纳宫，沿途欢迎的群众挥旗欢呼，盛况空前。

7月20日，肯尼迪总统在白宫接见了麦克阿瑟，询问菲律宾之行还有他对远东问题的意见。肯尼迪招待麦克阿瑟用午餐，财政部特铸金质荣誉章赠给他。

当他知道自己来日不长后，就想要安排后事。他最怀念西点军校，想要向他的母校告别，他对军校学生训话，提出了该校的校训"责任、荣誉、国家"，而且他还告诫学生们不要和文官首长争辩"问题事件"，他说这些重大的国家问题不是学生们所能解决的专业或军事问题。接着，他又发表了最后一次、最令人感动的讲话：

我已经老了，黄昏将至，声音和颜色都已经黯淡。

辉煌的往事，已消逝在梦中。回忆很美丽，有泪水的滋润和昔日微笑的抚慰。耳畔依稀回响着我熟悉的微弱的号角，奏出了迷人的起身号，还有遥远的鼓声。在梦里，我听到炮声隆隆、枪声嗒嗒和战场上忧伤的低语。但我记忆中的黄昏，我时常到西点，耳边回响着——责任、荣誉、国家。今天我最后一次检阅你们，但我想你们知道，当我渡越此河时，我最后的怀念，仍是你们一般同学们，同学们！同学们！我向你们珍重道别。

麦克阿瑟和妻子都不想在纽约终老，在东京时，琼就希望将来能在南方有一个家，在那里安度晚年。但是他们都舍不得离开华道尔夫，在那里一切都方便，尤其不用担心寂寞。

这时，他们唯一的儿子——阿瑟已经长大，不再需要亚珠照顾。阿瑟喜爱音乐，课外就练习钢琴。起初，琼想把他送去西点，但他的个性不适合那里，麦克阿瑟因为自己幼时被母亲逼得太紧深受其苦，所以不想再勉强自己的儿子。

阿瑟进了哥伦比亚大学，1961 年毕业。他觉得做一个麦克阿瑟家的人，心理负担太重，所以他父亲死后，他就改名换姓，过他自己喜爱的音乐生活。

麦克阿瑟曾这样写过：

　　人老了就丢弃了理想。年龄让皮肤起皱，放弃兴趣爱好会让灵魂起皱。你有信仰，就年轻，你若疑虑，就年老；你有自信，就年轻，你若恐惧，就年老；你有希望，就年轻，你若绝望，就年老。在我们心中，有一间记录室，如果永远放着美丽、希望、愉快和勇气的信号，人就会永远年轻。如果你的心房被悲观主义和犬儒主义所掩蔽，你就只能渐渐变老，渐渐地就像那首小曲所唱，你就凋零了。

麦克阿瑟一直都很自信，他满怀希望，永不绝望，乐观而永不疑虑。但是，1964年1月26日他84岁生日那一天，走到人生的最后关头时，他准备远离尘世。

他的身体衰弱得很快，艾尔勃格医师说如果他能早点注意健康，就能多活几年，但他却从不在意医师的忠告。

到了3月初，他的体重减到不够130斤，他时常觉得眩晕和头痛，有时腹部会不舒服，皮肤和眼珠的泛黄情况加深，医师诊断他的肝脏机能衰弱。军医署长向约翰逊总统报告病情，约翰逊立刻通知麦克阿瑟，飞机在拉加地亚机场等候，第二天早晨送他前往华盛顿沃尔特·里德陆军医院医治。

3月6日经医师会诊开刀，发现胆汁系统阻塞，所幸的是没有恶化，取出了肝脏的结石，情况还算是满意，但麦克阿瑟的身体虚弱，琼和阿瑟留院守夜。接下来他又动了两次大手术，一次是切去脾脏，一次是切去部分大肠以减轻食道出血，但病情毫无起色。

4月3日晚上,他进入昏迷状态,5日下午2点与世长辞。

下午5点7分,有12辆车的车队把他的遗体从医院移到纽约,晚间10点47分,灵柩暂放军械库。约翰逊总统下令全球美军基地鸣炮19响向麦克阿瑟致哀,下半旗一直到安葬之日。

他的遗体,在纽约接受了国家军人的最高荣誉,供人瞻仰,举行国葬。4月11日,在号角吹奏的哀乐声中,一代老兵从此长眠地下,但他一生的勋绩却永垂青史。